Testé maison

W0352213

100 RECETTES LIGHT

POUR TOUS LES JOURS

Les petits Marabout

SOMMAIRE

INTRODUCTION

À la fois appétissantes et faciles à réaliser, les recettes de ce livre ont été choisies parce qu'elles utilisent tout au plus cinq ingrédients.

Avec cinq ingrédients maximum, vous créerez des menus rapides, simples et modulables, qui seront à la fois économiques et savoureux, et nécessiteront peu de matériel et de préparation. Vous apprendrez à maîtriser des recettes de base en un temps record et vous découvrirez à quel point il est satisfaisant de cuisiner pour soi. Avec cette approche de la cuisine, votre vie sera trois fois plus simple. Tout d'abord, les recettes sont très courtes et nécessitent moins de préparation. Ensuite, le nombre restreint d'ingrédients facilitera vos courses. Combien de temps perdez-vous habituellement au supermarché à chercher ce que vous allez préparer à manger ? Enfin, le principe des cinq ingrédients est économique – finis les sachets à moitié entamés d'ingrédients de précédentes recettes que vous ne réutiliserez jamais !

Contrairement aux autres livres de cuisine minimaliste, cet ouvrage ne regorge pas d'ingrédients cachés. Vous n'aurez besoin que de 10 produits de base supplémentaires, simples et faciles à mémoriser, et qui se trouvent sans doute déjà dans vos placards.

Commencez par compléter votre épicerie de base (voir page 11). Ayez en permanence certains de ces produits en stock et vous pourrez réaliser des plats succulents avec seulement cinq ingrédients supplémentaires.

Choisissez ensuite une recette adaptée au temps dont vous disposez, à votre énergie et à votre humeur. Vérifiez les produits de base dont vous avez besoin. Les cinq ingrédients principaux de la recette sont clairement énumérés.

L'un des meilleurs moyens de se nourrir à moindres frais est d'éviter les aliments transformés, souvent coûteux. Privilégiez les ingrédients simples, comme les légumes, le riz, les pâtes, le poisson et le poulet, et imaginez vos repas en fonction de ces produits.

Évitez également le gaspillage et ne dépensez pas votre argent en nourriture que vous ne consommerez pas et que vous devrez jeter. Achetez des produits à durée de conservation longue et planifiez vos repas en fonction des dates limites de consommation. Si vous avez un congélateur, congelez vos restes pour plus tard. Planifiez vos menus chaque semaine afin de regrouper toutes vos courses sur une seule journée. Si vous prenez cette habitude, vous aurez les ingrédients de tous vos repas à disposition quand vous en aurez besoin. Achetez vos produits en vrac pour bénéficier des meilleurs prix. Prenez le temps de comparer les prix au supermarché, sur Internet, dans

les commerces de votre quartier et sur les marchés. Achetez des fruits et des légumes de saison. Ils seront de meilleure qualité que les produits exotiques et vous consommerez des produits locaux. Enfin, oubliez les offres spéciales des magasins, sauf s'il s'agit de produits que vous êtes certain d'utiliser. Trois boîtes de sardines à l'escabèche pour le prix d'une, c'est une affaire. Enfin, si vous les mangez…

Cet ouvrage propose des recettes light variées et délicieuses. Chaque recette indique le nombre de calories par portion : vous savez exactement ce que vous mangez. Vous pourrez ainsi réaliser des plats succulents, et non ces ersatz de plats de régime, et *a fortiori* adopter un régime alimentaire plus sain. Ces recettes doivent être utilisées dans le cadre d'une alimentation équilibrée. Gâteaux et autres plats sucrés

ne doivent être consommés qu'à titre exceptionnel.

Comme vous le savez, l'une des principales causes de l'obésité est la surconsommation de calories. Compte tenu de notre mode de vie moderne plutôt sédentaire, la plupart des nutritionnistes recommandent aux femmes de consommer environ 2 000 calories (kcal) par jour, et aux hommes de consommer environ 2 500 calories par jour. Pour une femme, il est conseillé de réduire l'apport calorique journalier à environ 1 500 calories dans le cadre d'un régime amincissant, puis de maintenir l'apport calorique à 2 000 calories par jour en phase de stabilisation. L'activité physique aide certes à contrôler son poids, mais elle permet aussi de réguler l'appétit et elle est reconnue pour ses effets bénéfiques sur le cœur et la pression artérielle, aidant ainsi à prévenir les maladies cardiovasculaires. En règle générale, les adultes doivent pratiquer au moins 30 minutes d'activité physique modérée, comme de la marche rapide, cinq fois par semaine. Il n'est pas nécessaire de s'exercer 30 minutes d'affilée : 3 séances de 10 minutes sont tout aussi profitables. Il est également conseillé aux enfants et aux adolescents de faire au moins 60 minutes d'activité physique modérée par jour.

À NE PAS OUBLIER

Mangez davantage de fruits et de légumes pour atteindre le seuil minimal des cinq fruits et légumes par jour (à l'exception des pommes de terre). Mangez moins sucré et faites attention aux sucres cachés. Cela vous aidera également à réduire votre apport de graisses.

La plupart des produits laitiers sont disponibles en version allégée : lait, fromage, crème fraîche, yaourt, beurre…

Choisissez des morceaux de viande maigre (tranches de bacon au lieu de poitrine fumée, filets de poulet au lieu de cuisses de poulet). Retirez toute la graisse visible de la viande avant de la cuisiner et évitez les fritures : préférez les aliments grillés ou rôtis. Le poisson est naturellement peu calorique et vous permettra de réaliser des plats d'exception.

Régalez-vous !

FAITES-VOUS PLAISIR !

LUNDI
Smoothie sunrise noix & banane
(voir page 34)

MARDI
Salade tiède d'aubergines
(voir page 38)

MERCREDI
Calamars agrumes & noix de coco
(voir page 150)

JEUDI
Frittata aux épinards & ricotta
(voir page 112)

VENDREDI
Sardines grillées à la marocaine
(voir page 142)

SAMEDI
Poulet à la citronnelle
(voir page 114)

FONDS DE MAISON

Les seuls autres ingrédients dont vous aurez besoin !

1. Sucres
2. Farines
3. Huiles et vinaigres
4. Levure
5. Sel
6. Poivre
7. Bouillons
8. Oignons
9. Ail
10. Citron et jus de citron

DIMANCHE

Truite au pesto (voir page 108)

LISTE DE COURSES

- 10-12 petits calamars déjà nettoyés, soit environ 375 g, tentacules compris
- 12 sardines
- 12 gros pilons de poulet
- 4 filets de truite d'environ 200 g chacun
- 2 cuillerées à soupe de câpres
- 400 g de haricots beurre en conserve
- 2 cuillerées à soupe de harissa
- 2 cuillerées à soupe de pâte de curry moyennement épicée
- 1 orange
- 1 banane
- 25 g de noix
- 2 aubergines
- 4 tomates
- 6 citrons verts
- 3 piments rouges
- 2,5 cm de racine de gingembre frais
- 100 g de noix de coco fraîchement râpée
- 200 g de pousses d'épinard
- 6 cuillerées à soupe de citronnelle ciselée
- 1 tige de citronnelle
- Salade
- 4 cuillerées à soupe de persil ciselé
- Coriandre ciselée
- 1 grosse poignée de basilic
- 150 ml de lait écrémé
- 150 g de yaourt nature
- 4 œufs
- 50 g de ricotta
- 50 g de parmesan

MENU POUR LA SEMAINE

DÉTOX

LUNDI
Salade de haricots au thon (voir page 56)

MARDI
Brochettes poulet & légumes (voir page 76)

MERCREDI
Soupe de patate douce au chou (voir page 84)

JEUDI
Langoustines au tamarin (voir page 86)

VENDREDI
Thon grillé & salade d'épinards (voir page 104)

SAMEDI
Papillotes de poisson au piment (voir page 126)

FONDS DE MAISON

Les seuls autres ingrédients dont vous aurez besoin !

1. Sucres
2. Farines
3. Huiles et vinaigres
4. Levure
5. Sel
6. Poivre
7. Bouillons
8. Oignons
9. Ail
10. Citron et jus de citron

DIMANCHE

Poulet au citron (voir page 146)

LISTE DE COURSES

- 4 hauts de cuisses de poulet
- 4 tranches de bacon dégraissé
- 1 kg de grosses langoustines crues, non décortiquées
- 500 g de filets de poulet
- 125 g de filets de cabillaud, de lieu noir ou de haddock
- 4 steaks de thon frais d'environ, 175 g chacun
- 400 g de haricots borlotti (ou blancs à défaut)
- 200 g de thon à l'huile d'olive
- 2 cuillerées à soupe de miel liquide
- 2 cuillerées à soupe de moutarde douce à l'ancienne
- 2 cuillerées à café de pâte de tamarin
- 1 piment rouge
- 2 branches de céleri
- 50 g de roquette
- 100 g de pousses d'épinard grossièrement hachées
- 1 courgette
- 1 carotte
- 500 g de patates douces
- 500 g de petites pommes de terre nouvelles
- 2 panais
- 1 petit chou frisé de Milan
- 4 cm de racine de gingembre frais
- 4 citrons verts
- 1 piment vert
- 1 oignon vert
- 1 cuillerée à café de thym ciselé
- 1 bouquet de coriandre de taille moyenne
- 2 cuillerées à café de yaourt nature
- 1 œuf

5 RECETTES

VÉGÉTARIENNES

Avec seulement 5 ingrédients clés, ces recettes raviront tous les gourmands, qu'ils soient végétariens ou non. Elles vous aideront à atteindre votre quota de 5 fruits et légumes par jour et vous apporteront aussi tout un tas de vitamines et de nutriments.

Salade de pois chiches à la marocaine
(voir page 46)

Omelette aux champignons des bois
(voir page 70)

Curry de légumes
(voir page 64)

Pappardelles aux poivrons & aux noix
(voir page 116)

Frittata butternut & ricotta
(voir page 72)

5 RECETTES

AU POULET

Peu gras, rapide à cuisiner et facile à trouver, le poulet est la viande idéale pour tous ceux qui surveillent leur poids. C'est aussi un excellent produit de base qui s'imprégnera de toutes les saveurs de vos 5 ingrédients.

Salade de poulet estivale
(voir page 96)

Sandwichs au poulet
(voir page 44)

Avgolemono grec au poulet
(voir page 82)

Curry minute au poulet
(voir page 106)

Poulet à l'orange & à la menthe
(voir page 140)

5 RECETTES

DE LA MER

Les produits de la mer représentent une extraordinaire et savoureuse source de protéines. Pourtant, bien des personnes n'osent pas les cuisiner. Avec maximum 5 ingrédients clés, ces plats sont si simples à préparer que vous allez rapidement y prendre goût !

Cabillaud au four tomates & olives
(voir page 60)

Filet de bar sauce tomate basilic
(voir page 68)

Risotto au saumon fumé
(voir page 118)

Espadon, couscous & salsa tomate-olive
(voir page 130)

Salade de saint-jacques tièdes
(voir page 48)

5 RECETTES

ESTIVALES

En été, c'est le moment d'afficher une silhouette parfaite. Ces recettes légères et rafraîchissantes seront idéales pour les longues soirées en plein air.

Salade de haricots, poivrons & saucisse kabanos (voir page 50)

Pizza à la roquette & au prosciutto (voir page 90)

Salade pastèque & feta (voir page 52)

Poulet teriyaki (voir page 92)

Bananes grillées aux myrtilles (voir page 182)

5 RECETTES

POUR SE RÉCHAUFFER

Une nourriture saine et légère ne signifie pas forcément que vous devez abandonner les bons petits plats. Ces recettes vous réchaufferont et vous réconforteront tout au long de l'hiver, sans vous faire tomber dans les pièges caloriques habituels.

Gratin betterave-potiron au chèvre
(voir page 66)

Soupe aux haricots blancs au lard
(voir page 74)

Filet de chevreuil aux baies roses
(voir page 128)

Pêches pochées aux framboises
(voir page 156)

Foie de veau & purée à l'ail
(voir page 98)

5 RECETTES

ASIATIQUES

Les cuisines asiatiques offrent une multitude de saveurs avec peu de calories. Avec 5 ingrédients clés pour chacune de ces recettes, vous n'aurez plus à passer votre temps dans les rayons exotiques de votre supermarché pour vous embarquer vers l'Asie.

Cake au thé chai
(voir page 24)

Curry rouge de porc à la thaïe
(voir page 80)

Saumon aux saveurs douces & piquantes
(voir page 136)

Sorbet litchis & noix de coco
(voir page 186)

Poulet tandoori
(voir page 110)

PETIT DÉJ & BRUNCH

POUR 2 VERRES DE 300 ML - PRÉPARATION 2 MINUTES - 89 KCAL PAR VERRE

MILK-SHAKE D'ÉTÉ AUX FRUITS

INGRÉDIENTS

1. 1 pêche mûre, coupée en deux, dénoyautée et coupée en morceaux
2. 50 g de fraises
3. 50 g de framboises
4. 200 ml de lait écrémé
5. Glaçons

Mettez les morceaux de pêche, les fraises et les framboises dans le bol d'un blender ou d'un robot.

Mixez pour obtenir un mélange lisse ; raclez les parois du bol si nécessaire.

Ajoutez le lait et mixez de nouveau jusqu'à ce que le mélange soit onctueux et mousseux. Mettez les glaçons dans 2 grands verres et versez le milk-shake.

POUR 10 PARTS - PRÉPARATION 15 MINUTES + INFUSION - CUISSON 1 H 15 - 302 KCAL PAR PART

CAKE AU THÉ CHAI

INGRÉDIENTS

1. 5 sachets de thé chai
2. 300 g de mélange de fruits secs
3. 50 g de noix du Brésil concassées
4. 50 g de beurre
5. 1 œuf battu

GARDE-MANGER

300 ml d'eau bouillante, 250 g de farine, 1 cuillerée à café de levure chimique, 150 g de sucre muscovado

Plongez les sachets de thé dans l'eau bouillante et laissez infuser 10 minutes.

Mélangez la farine, la levure, le sucre, les fruits secs et les noix du Brésil dans un saladier. Retirez les sachets de thé de l'eau en les pressant soigneusement. Déposez le beurre en petits morceaux dans le thé et mélangez jusqu'à ce qu'il soit fondu. Laissez refroidir quelques minutes. Versez l'œuf dans la farine et mélangez délicatement.

À l'aide d'une cuillère, versez la pâte dans un moule à cake de 1 kg ou 1,3 litre, beurré et chemisé de papier sulfurisé. Répartissez bien la pâte dans tout le moule. Faites cuire 1 h 15 dans un four préchauffé à 160 °C. Si vous piquez le centre du cake à l'aide d'une lame, cette dernière doit ressortir propre. Démoulez le cake et posez-le sur une grille. Retirez le papier sulfurisé et laissez refroidir. Si vous le souhaitez, vous pouvez recouvrir le cake d'un glaçage à la crème chai (voir ci-contre).

GLAÇAGE À LA CRÈME CHAI

Versez 50 ml de lait dans une casserole et plongez-y 3 sachets de chai, puis portez le lait à ébullition. Laissez refroidir hors du feu. Retirez les sachets de thé en les pressant. Battez 200 g de fromage frais et 25 g de beurre doux en pommade dans un saladier jusqu'à l'obtention d'un mélange lisse. Ajoutez le lait aromatisé et 75 g de sucre glace tamisé, puis battez de nouveau. 113 kcal par part

POUR 12 MUFFINS - PRÉPARATION 10 MINUTES - CUISSON 20 MINUTES - 172 KCAL PAR MUFFIN

MUFFINS AUX CRANBERRIES

INGRÉDIENTS

1. 50 g de gingembre confit finement haché
2. 100 g de cranberries séchées
3. 1 œuf
4. 250 ml de lait écrémé

GARDE-MANGER

300 g de farine de blé T55, 1 cuillerée à café de levure chimique, 65 g de sucre muscovado clair, 4 cuillerées à soupe d'huile végétale

Placez 12 caissettes en papier dans une plaque de 12 muffins. Tamisez la farine et la levure dans un saladier. Incorporez le sucre, le gingembre et les cranberries.

Fouettez l'œuf, le lait et l'huile dans un autre saladier et ajoutez-les au mélange précédent. Mélangez juste assez pour incorporer la farine car la pâte doit rester grumeleuse.

Répartissez la pâte dans les moules en la déposant au centre des caissettes. Faites cuire 18 à 20 minutes dans un four préchauffé à 200 °C jusqu'à ce que les muffins soient dorés et gonflés. Posez-les sur une grille et servez-les tièdes.

POUR 2 PERSONNES - PRÉPARATION 5 MINUTES + REFROIDISSEMENT - 348 KCAL PAR PORTION

YAOURTS PASSION-NOISETTES

INGRÉDIENTS

1. 2 fruits de la Passion
2. 250 ml de yaourt nature 0 %
3. 4 cuillerées à soupe de miel liquide
4. 50 g de noisettes grillées, grossièrement hachées
5. 4 clémentines pelées et coupées en dés

Coupez les fruits de la Passion en deux et mettez la pulpe dans un saladier. Ajoutez le yaourt et mélangez délicatement.

Mettez 2 cuillerées à soupe de miel au fond de 2 grands verres étroits et parsemez la moitié des noisettes. Versez la moitié du yaourt dessus et ajoutez la moitié des dés de clémentine sur le yaourt.

Superposez de nouvelles couches de la même façon en gardant quelques noisettes pour la décoration. Saupoudrez le reste de noisettes sur le dessus et placez au réfrigérateur jusqu'au moment de servir.

POUR 12 SCONES - PRÉPARATION 20 MINUTES - CUISSON 10 MINUTES - 120 KCAL PAR SCONE

SCONES À L'ORANGE & AUX RAISINS SECS

INGRÉDIENTS

1. 50 g de beurre coupé en morceaux
2. 50 g de raisins secs
3. Le zeste râpé de 1 orange
4. 1 œuf
5. 125 ml de lait, environ

GARDE-MANGER

125 g de farine + un peu pour fariner les plaques, 100 g de farine complète, 3 cuillerées à café de levure chimique, 1 cuillerée à soupe de sucre

Tamisez les farines et la levure dans un grand saladier, puis ajoutez le son de blé resté dans le tamis. Ajoutez le beurre et travaillez du bout des doigts jusqu'à ce que le mélange s'émiette finement. Ajoutez les raisins secs, le sucre et le zeste d'orange, puis mélangez.

Cassez l'œuf dans un verre doseur et battez-le à l'aide d'une fourchette. Ajoutez du lait afin d'obtenir 150 ml de liquide, versez le mélange dans la farine et formez une pâte souple.

Vous pouvez ajouter un peu de lait si la pâte est trop sèche.

Étalez la pâte pour obtenir une abaisse ronde de 1 cm d'épaisseur et découpez 12 scones. Déposez-les sur des plaques de cuisson légèrement farinées et badigeonnez-les avec un peu de lait. Faites cuire 10 minutes dans un four préchauffé à 220 °C jusqu'à ce que les scones soient gonflés et bien dorés. Laissez refroidir les scones sur une grille. Vous pouvez les conserver 3 jours dans un récipient hermétique.

POUR 12 MUFFINS - PRÉPARATION 15 MINUTES - CUISSON 25 MINUTES - 214 KCAL PAR MUFFIN

MUFFINS AUX FRUITS ROUGES

INGRÉDIENTS

1. 1 œuf battu
2. 200 ml de lait
3. 200 g de fruits rouges mélangés, hachés grossièrement

GARDE-MANGER

250 g de farine, 2 cuillerées à café de levure chimique, 4 cuillerées à soupe de sucre, 50 ml d'huile végétale

Mélangez ensemble tous les ingrédients à l'exception des fruits rouges jusqu'à l'obtention d'une pâte lisse. Ajoutez les fruits rouges.

Garnissez un moule à muffins de 12 alvéoles de caissettes en papier. Répartissez la préparation dans les caissettes. Faites cuire 25 minutes dans un four préchauffé à 180 °C. Lorsque vous enfoncez la lame d'un couteau dans un des gâteaux, elle doit en ressortir sèche. Démoulez et laissez refroidir sur une grille.

POUR 2 PERSONNES - PRÉPARATION 5 MINUTES - 265 KCAL PAR PORTION

SMOOTHIE SUNRISE NOIX & BANANE

INGRÉDIENTS

1. 1 orange pelée à vif et découpée en quartiers
2. 1 banane
3. 150 ml de lait écrémé
4. 150 g de yaourt nature
5. 25 g de noix

Placez tous les ingrédients dans un robot ou un blender, puis mixez jusqu'à l'obtention d'une préparation onctueuse et légère. Versez dans 2 verres et servez.

POUR 4 PERSONNES - PRÉPARATION 5 MINUTES - CUISSON 5 MINUTES - 171 KCAL PAR PORTION

BLINIS AU SAUMON FUMÉ & CRÈME À L'ANETH

INGRÉDIENTS

1. 8 grands blinis
2. 2 cuillerées à soupe de crème fraîche allégée
3. 1 cuillerée à café d'aneth ciselé
4. 2 oignons de printemps émincés
5. 100 g de saumon fumé

GARDE-MANGER

Le zeste râpé de 1 citron, quartiers de citron pour servir, poivre

Faites tiédir les blinis pendant quelques minutes sous un gril.

Mélangez la crème fraîche, l'aneth, le zeste de citron et les oignons de printemps, puis poivrez. Déposez 1 cuillerée de crème à l'aneth sur chaque blini et recouvrez de saumon fumé. Servez avec des quartiers de citron.

POUR 4 PERSONNES - PRÉPARATION 10 MINUTES + REPOS - CUISSON 10 MINUTES - 99 KCAL PAR PORTION

SALADE TIÈDE D'AUBERGINES

INGRÉDIENTS

1. 2 aubergines coupées en petits cubes
2. 2 cuillerées à soupe de câpres grossièrement hachées
3. 4 tomates coupées en dés
4. 4 cuillerées à soupe de persil plat ciselé

GARDE-MANGER

2 cuillerées à soupe d'huile d'olive, 1 oignon rouge émincé, 1 cuillerée à soupe de vinaigre balsamique

Faites chauffer l'huile dans une poêle antiadhésive. Ajoutez les aubergines et faites-les revenir 10 minutes jusqu'à ce qu'elles soient tendres et bien dorées. Ajoutez l'oignon rouge, les câpres, les tomates, le persil et le vinaigre, puis mélangez soigneusement.

Retirez la poêle du feu et laissez refroidir 10 minutes avant de servir.

POUR 4 PERSONNES - PRÉPARATION 20 MINUTES - CUISSON 30 MINUTES - 278 KCAL PAR PORTION

OMELETTE AU JAMBON & À LA TOMATE

INGRÉDIENTS

1. 4 échalotes
2. 8 œufs
3. 2 cuillerées à soupe d'herbes fraîches ciselées : thym, cerfeuil, persil
4. 200 g de tomates cerises jaunes et rouges
5. 150 g de jambon en tranches extra-fines

GARDE-MANGER

4 cuillerées à café d'huile de pépins de raisin vierge extra, sel et poivre

Faites chauffer 1 cuillerée à café d'huile de pépins de raisin dans une poêle. Épluchez les échalotes, ciselez-les et faites-les revenir 4 à 5 minutes dans la poêle, le temps qu'elles ramollissent.

Battez les œufs avec les herbes, salez et poivrez. Coupez les tomates en deux, et tranchez de fines bandelettes de jambon.

Avec une écumoire, prélevez trois quarts des échalotes et gardez-les à part. Versez un quart des œufs battus dans la poêle, ajoutez un quart des tomates et remuez doucement à l'aide d'une spatule jusqu'à ce que les œufs soient presque pris. Répartissez un quart des bandelettes de jambon sur l'omelette et laissez cuire 1 minute à feu doux.

Pliez l'omelette en deux, et faites-la glisser sur une assiette chaude pour la servir immédiatement. Répétez l'opération 3 fois afin d'obtenir les 3 autres omelettes. N'oubliez pas de mettre un peu d'échalotes dans la poêle avant de verser les œufs.

ASTUCE

Pour chauffer les assiettes, mettez-les dans un four à 70 °C. Vous pouvez garder les omelettes dans le four chaud et les servir toutes en même temps.

POUR 4 PERSONNES - PRÉPARATION 10 MINUTES - CUISSON 5 MINUTES - 262 KCAL PAR PORTION

SALADE DE LENTILLES AUX HERBES

INGRÉDIENTS

1. 4 oignons de printemps émincés
2. 2 boites de 400 g de lentilles vertes, égouttées et rincées
3. 3 cuillerées à soupe d'herbes ciselées : persil, origan, basilic...
4. 125 g de tomates cerises coupées en deux
5. 85 g de jambon de Parme en tranches

GARDE-MANGER

2 cuillerées à soupe d'huile d'olive, 1 gousse d'ail écrasée, 2 cuillerées à soupe de vinaigre balsamique

Faites chauffer l'huile dans une poêle antiadhésive et faites revenir l'ail et les oignons de printemps pendant 2 minutes.

Ajoutez les lentilles, le vinaigre, les herbes et les tomates, puis mélangez. Réservez.

Faites chauffer une poêle à sec et faites cuire le jambon de Parme 1 à 2 minutes jusqu'à ce qu'il soit croustillant. Versez la salade de lentilles dans un grand plat de service, déposez les chips de jambon de Parme par-dessus et servez immédiatement.

POUR 4 PERSONNES - PRÉPARATION 15 MINUTES - CUISSON 5 À 6 MINUTES - 293 KCAL PAR PORTION

SANDWICHS AU POULET

INGRÉDIENTS

1. 250 g de petits blancs de poulet
2. 8 tranches de pain de mie complet
3. 6 cuillerées à soupe de yaourt
4. ½ à 1 cuillerée à café de raifort râpé ou de sauce au raifort
5. 100 g de jeunes pousses de salade et de betterave

GARDE-MANGER

8 cuillerées à café de vinaigre balsamique, poivre

Mettez le poulet dans un sachet congélation avec la moitié du vinaigre et remuez pour bien imprégner la viande.

Faites chauffer une poêle antiadhésive, puis faites dorer le poulet 3 minutes sur une face. Retournez-le, arrosez-le avec le vinaigre du sachet et laissez-le dorer 2 à 3 minutes sur l'autre face.

Faites griller légèrement les tranches de pain sur les 2 faces. Émincez finement le poulet, puis répartissez-le sur 4 tranches de pain. Mélangez le yaourt avec le raifort et un peu de poivre. Ajoutez les feuilles de salade et de betterave, puis remuez.

Déposez la préparation au yaourt sur le poulet, arrosez avec le reste de vinaigre et couvrez avec les autres tranches de pain. Coupez chaque sandwich en deux et servez aussitôt.

VARIANTE

Pour des sandwichs au poulet, au citron & à l'ail, mélangez le poulet avec le jus de ½ citron et 1 cuillerée à soupe d'huile d'olive, puis faites-le dorer comme ci-contre, mais sans l'arroser de vinaigre. Faites griller 8 tranches de pain complet et tartinez-les avec 4 cuillerées à soupe de mayonnaise à l'ail. Répartissez le poulet sur 4 tranches de pain, garnissez avec 2 cœurs de laitues coupés en chiffonnade et 5 cm de concombre détaillé en fines rondelles. Couvrez avec le reste de pain, appuyez délicatement et découpez en triangles.

POUR 4 PERSONNES - PRÉPARATION 10 MINUTES + REPOS - 200 KCAL PAR PORTION

SALADE DE POIS CHICHES À LA MAROCAINE

INGRÉDIENTS

1. 2 boîtes de 400 g de pois chiches, égouttés et rincés
2. 4 tomates hachées
3. 1 poignée d'herbes hachées : menthe, persil...
4. 1 pincée de paprika
5. 1 pincée de cumin moulu

GARDE-MANGER

1 oignon rouge émincé, 4 cuillerées à soupe de jus de citron, 1 cuillerée à soupe d'huile d'olive, sel et poivre

Mélangez tous les ingrédients dans un grand saladier non métallique. Laissez reposer pendant 10 minutes afin d'exhaler toutes les saveurs, puis servez.

POUR 4 PERSONNES - PRÉPARATION 10 MINUTES - CUISSON 3 MINUTES - 257 KCAL PAR PORTION

SALADE DE SAINT-JACQUES TIÈDES

INGRÉDIENTS

1. 250 g de fraises des bois équeutées
2. 12 grosses noix de saint-jacques
3. 3 poireaux découpés en fins bâtonnets
4. 250 g de mesclun
5. 12 fraises des bois ou 5 fraises, hachées + pour le décor

GARDE-MANGER

2 cuillerées à soupe de vinaigre balsamique, le jus de 1 citron, 65 ml d'huile d'olive, sel et poivre

Mixez les fraises hachées, le vinaigre, 1 cuillerée à soupe de jus de citron et 50 ml d'huile dans un robot ou un blender. Passez à travers un tamis fin ou une mousseline.

Retirez le corail des noix de saint-jacques et coupez les noix en trois. Assaisonnez-les avec du sel, du poivre et le reste de jus de citron.

Faites chauffer le reste d'huile dans une poêle antiadhésive, ajoutez les poireaux et faites dorer 1 minute à feu vif, en remuant. Retirez du feu.

Mettez les tranches de noix de saint-jacques dans la poêle et laissez cuire 20 à 30 secondes de chaque côté. Répartissez le mesclun sur 4 assiettes. Disposez les tranches de saint-jacques.

Faites tiédir la sauce aux fraises dans une petite casserole 20 à 30 secondes, puis versez sur les saint-jacques et le mesclun. Parsemez de poireaux et décorez avec les fraises coupées en deux. Poivrez.

VARIANTE

Mélangez 2 cuillerées à soupe d'huile d'olive vierge extra, 1 cuillerée à café d'huile de sésame, 1 cuillerée à soupe de sauce soja légère, 2 cuillerées à café de vinaigre balsamique, 1 cuillerée à café de miel liquide et du poivre dans un bol. Faites cuire les saint-jacques comme indiqué dans la recette (sans les poireaux) et disposez-les sur le mesclun. Faites tiédir la sauce 20 à 30 secondes, puis versez sur les saint-jacques et le mesclun.
173 kcal par portion

POUR 4 PERSONNES - PRÉPARATION 10 MINUTES + REPOS - CUISSON 10 MINUTES - 250 KCAL PAR PORTION

SALADE DE HARICOTS, POIVRONS & SAUCISSE

INGRÉDIENTS

1. 3 poivrons rouges épépinés et coupés en deux
2. 1 piment rouge épépiné et émincé
3. 75 g de saucisse kabanos émincée
4. 2 boîtes de 400 g de haricots beurre ou de flageolets, rincés et égouttés
5. 2 cuillerées à soupe de coriandre fraîche, ciselée

GARDE-MANGER

1 cuillerée à soupe d'huile d'olive, 1 oignon émincé, 1 cuillerée à soupe de vinaigre balsamique

Déposez les poivrons sur une plaque de cuisson, peau vers le haut, et faites cuire sous un gril chaud 8 à 10 minutes jusqu'à ce que la peau des poivrons ait noirci. Couvrez avec du papier absorbant mouillé. Lorsque les poivrons ont suffisamment refroidi, retirez la peau et émincez la chair des poivrons.

Faites chauffer l'huile dans une poêle antiadhésive et faites revenir l'oignon 5 à 6 minutes jusqu'à ce qu'il soit tendre. Ajoutez la saucisse et faites-la revenir 1 à 2 minutes jusqu'à ce qu'elle soit croustillante.

Mélangez les haricots et le vinaigre balsamique, puis ajoutez l'oignon et la saucisse, ainsi que les poivrons et le piment. Parsemez de coriandre avant de servir.

VARIANTE VEGGIE

Supprimez la saucisse. Mélangez 50 g d'olives noires dénoyautées et coupées en deux avec les haricots. Tranchez et faites griller 75 g de halloumi. Répartissez la salade dans des assiettes creuses et déposez le halloumi par-dessus. 248 kcal par portion

POUR 4 PERSONNES - PRÉPARATION 10 MINUTES - CUISSON 2 MINUTES - 99 KCAL PAR PORTION

SALADE PASTÈQUE & FETA

INGRÉDIENTS

1. 1 cuillerée à soupe de graines de sésame noir
2. 500 g de pastèque écorcée, épépinée et coupée en dés
3. 175 g de feta coupée en dés
4. 2 ½ poignées de roquette
5. 1 poignée de menthe

GARDE-MANGER

2 cuillerées à soupe d'huile d'olive, le jus de ½ gros citron, sel et poivre

Faites sauter les graines de sésame noir à sec pendant quelques minutes pour en exhaler toutes les saveurs.

Disposez la pastèque et la feta sur un grand plat de service avec la roquette et la menthe.

Mélangez l'huile d'olive et le jus de citron, salez et poivrez. Arrosez la salade avec la sauce, parsemez de graines de sésame, puis servez.

POUR 6 PERSONNES - PRÉPARATION 20 MINUTES - CUISSON 25 MINUTES - 186 KCAL PAR PORTION

ŒUFS AU SOFRITO & PASTRAMI

INGRÉDIENTS

1. 3 petits poivrons de couleur différente (375 g)
2. 500 g de tomates pelées
3. 6 gros œufs
4. Branches de thym ou thym séché + pour le décor
5. 125 g de pastrami finement tranché

GARDE-MANGER

2 cuillerées à soupe d'huile d'olive, sel et poivre, 1 oignon finement haché, 2 gousses d'ail écrasées

Préparez le sofrito. Déposez les poivrons sur une plaque de cuisson, peau vers le haut, et faites cuire 8 à 10 minutes sous un gril chaud. Couvrez avec du papier absorbant mouillé. Lorsque les poivrons ont refroidi, retirez la peau, épépinez-les et coupez la chair en lanières.

Faites chauffer 1 cuillerée à soupe d'huile dans une grande poêle et faites revenir l'oignon doucement 10 minutes. Ajoutez l'ail, les tomates épépinées et hachées, et les poivrons, puis laissez mijoter 5 minutes jusqu'à ce que le jus des tomates se soit évaporé. Réservez.

Battez les œufs avec le thym, le sel et le poivre dans un saladier. Réchauffez le sofrito. Faites chauffer le reste d'huile dans une casserole, ajoutez les œufs et faites cuire en remuant. Ajoutez le sofrito chaud, puis mélangez et répartissez sur les assiettes.

Disposez les tranches de pastrami autour des œufs et servez immédiatement. Décorez de thym.

POUR 4 PERSONNES - PRÉPARATION 15 MINUTES + MARINADE - CUISSON 3 MINUTES - 190 KCAL PAR PORTION

SALADE DE HARICOTS AU THON

INGRÉDIENTS

1. 400 g de haricots borlotti en boîte
2. 1 piment rouge épépiné et finement haché
3. 2 branches de céleri émincées
4. 200 g de thon à l'huile d'olive en boîte, égoutté et émietté
5. 50 g de roquette

GARDE-MANGER

1 cuillerée à soupe d'eau (facultatif), 2 cuillerées à soupe d'huile d'olive vierge extra, 2 gousses d'ail écrasées, ½ oignon rouge en fins quartiers, le zeste râpé et le jus de 1 citron, sel et poivre

Égouttez et rincez les haricots borlotti (ou blancs, à défaut). Réchauffez-les dans une casserole à feu moyen pendant 3 minutes. Ajoutez de l'eau si les haricots adhèrent au fond de la casserole.

Mettez l'huile, l'ail et le piment dans un grand saladier. Ajoutez le céleri, l'oignon et les haricots encore chauds, salez et poivrez. Couvrez et laissez mariner entre 30 minutes et 4 heures à température ambiante.

Ajoutez le thon, le zeste et le jus de citron, puis mélangez. Ajoutez les feuilles de roquette et mélangez soigneusement. Goûtez et rectifiez l'assaisonnement en ajoutant du sel, du poivre ou du jus de citron.

RECETTES À MOINS DE 300 CALORIES

POUR 4 PERSONNES - PRÉPARATION 5 MINUTES - CUISSON 15 MINUTES - 239 KCAL PAR PORTION

CABILLAUD AU FOUR TOMATES & OLIVES

INGRÉDIENTS

1. 250 g de tomates cerises coupées en deux
2. 100 g d'olives noires dénoyautées
3. 2 cuillerées à soupe de câpres au vinaigre, égouttées
4. 2 cuillerées à soupe d'herbes fraîches ciselées, comprenant du thym et du persil
5. 4 filets de cabillaud de 175 g chacun

GARDE-MANGER

2 cuillerées à soupe d'huile d'olive vierge extra, 2 cuillerées à soupe de vinaigre balsamique, sel et poivre

Mélangez les tomates, les olives, les câpres et les herbes dans un plat à rôtir. Déposez les filets de cabillaud par-dessus, arrosez d'huile d'olive et de vinaigre balsamique, salez et poivrez.

Faites cuire 15 minutes dans un four préchauffé à 200 °C.

Déposez un lit de tomates et d'olives ainsi que le poisson sur des assiettes déjà chaudes. Versez le jus de cuisson sur le poisson à l'aide d'une cuillère. Servez immédiatement.

POUR 4 PERSONNES - PRÉPARATION 10 MINUTES - CUISSON 16 À 20 MINUTES - 197 KCAL PAR PORTION

POULET À LA DIABLE

INGRÉDIENTS

1. 8 hauts de cuisses de poulet désossés
2. 2 cuillerées à soupe de moutarde
3. 6 gouttes de Tabasco®
4. 1 cuillerée à soupe de sauce soja
5. Feuilles de salade pour servir

GARDE-MANGER

2 gousses d'ail écrasées

Faites chauffer un gril en fonte (ou une poêle ordinaire).

Retirez la peau des hauts de cuisses de poulet, ouvrez-les et dégraissez-les.

Pour préparer la sauce à la diable, mélangez dans un plat la moutarde, le Tabasco®, l'ail et la sauce soja.

Mettez le poulet dans la sauce en l'enrobant soigneusement. Posez-le à plat dans la poêle et faites-le cuire 8 à 10 minutes de chaque côté.

Servez chaud ou froid avec des feuilles de salade.

VARIANTE

Pour du poulet jerk, mélangez 3 cuillerées à soupe de sauce jerk (sauce jamaïquaine) avec le jus et le zeste râpé de ½ orange et 2 gousses d'ail écrasées. Enrobez le poulet de la préparation et faites cuire comme ci-contre. Servez avec du riz ou une salade.

POUR 4 PERSONNES - PRÉPARATION 10 MINUTES - CUISSON 20 À 25 MINUTES - 268 KCAL PAR PORTION

CURRY DE LÉGUMES

INGRÉDIENTS

1. 2 cuillerées à soupe de pâte de curry moyennement épicée
2. 1,5 kg de légumes variés préparés (pas plus de 500 g de pommes de terre)
3. 200 g de tomates concassées en boîte
4. 400 g de lait de coco allégé
5. 2 cuillerées à soupe de feuilles de coriandre ciselées

GARDE-MANGER

1 cuillerée à soupe d'huile d'olive,
1 oignon haché, 1 gousse d'ail écrasée

Faites chauffer l'huile dans une grande casserole et faites revenir l'oignon et l'ail 2 minutes. Ajoutez la pâte de curry et mélangez. Continuez à faire revenir les ingrédients pendant 1 minute.

Ajoutez les légumes et faites-les revenir 2 à 3 minutes, en remuant de temps en temps, puis ajoutez les tomates concassées et le lait de coco. Mélangez, portez à ébullition, puis baissez le feu et laissez mijoter 12 à 15 minutes jusqu'à ce que les légumes soient cuits.

Ajoutez la coriandre, mélangez, puis servez.

POUR 4 PERSONNES - PRÉPARATION 20 MINUTES - CUISSON 25 À 30 MINUTES - 230 KCAL PAR PORTION

GRATIN BETTERAVE-POTIRON AU CHÈVRE

INGRÉDIENTS

1. 400 g de betterave crue, pelée et coupée en dés
2. 625 g de potiron ou de courge butternut pelé, épépiné et coupé en gros cubes
3. 2 cuillerées à café de graines de fenouil
4. 2 petits fromages de chèvre de 100 g chacun
5. Romarin haché pour servir

GARDE-MANGER

1 oignon rouge coupé en quartiers, 2 cuillerées à soupe d'huile d'olive, sel et poivre

Mettez la betterave, le potiron et l'oignon dans un plat à gratin, arrosez d'huile d'olive et parsemez de graines de fenouil. Salez et poivrez. Faites cuire les légumes 20 à 25 minutes dans un four préchauffé à 200 °C, en les retournant 1 fois.

Coupez les fromages de chèvre en deux et posez-les sur les légumes en creusant un peu. Salez et poivrez les fromages, puis arrosez-les avec un peu de jus de cuisson des légumes.

Faites cuire 5 minutes de plus au four jusqu'à ce que le fromage commence à fondre. Parsemez de romarin et servez aussitôt.

POUR 4 PERSONNES - PRÉPARATION 10 MINUTES - CUISSON 30 MINUTES - 237 KCAL PAR PORTION

FILET DE BAR SAUCE TOMATE BASILIC

INGRÉDIENTS

1. 8 tomates roma coupées en deux
2. 4 filets de bar de 150 g chacun
3. 2 cuillerées à soupe de basilic ciselé + quelques feuilles pour le décor

GARDE-MANGER

Le zeste râpé de 1 citron, 2 cuillerées à soupe du jus + quartiers de citron pour servir, 2 cuillerées à soupe d'huile d'olive vierge extra, sel et poivre

Réalisez la sauce 2 jours à l'avance. Disposez les tomates dans un plat à rôtir, assaisonnez et faites cuire 20 minutes dans un four préchauffé à 200 °C.

Versez les tomates et le jus de cuisson dans une poêle et faites chauffer doucement avec le jus de citron et une grande partie du zeste de citron. Assaisonnez et réservez. Assaisonnez les filets de bar et faites-les cuire 10 minutes sous un gril chaud jusqu'à ce que le poisson soit cuit.

Réchauffez la sauce. Ajoutez le basilic ciselé et l'huile dans la sauce, puis mélangez et versez la sauce sur le poisson à l'aide d'une cuillère. Décorez avec des feuilles de basilic, le zeste de citron restant, et servez avec des quartiers de citron.

VARIANTE

Préparez la sauce comme indiqué ci-contre. Remplacez les filets de bar par 16 crevettes géantes tigrées crues, décortiquées. Faites sauter les crevettes dans un peu d'huile jusqu'à ce qu'elles deviennent roses. Réchauffez la sauce et versez-la sur les crevettes, puis servez.
169 kcal par portion

POUR 4 PERSONNES - PRÉPARATION 10 MINUTES - CUISSON 20 À 25 MINUTES - 282 KCAL PAR PORTION

OMELETTE AUX CHAMPIGNONS DES BOIS

INGRÉDIENTS

1. 2 cuillerées à soupe de beurre ou de margarine
2. 200 g de champignons des bois, nettoyés et émincés
3. 8 gros œufs battus
4. 2 cuillerées à soupe de persil ciselé
5. 50 g de gruyère râpé

GARDE-MANGER

Poivre

Faites fondre un peu de beurre ou de margarine dans une petite poêle et faites revenir les champignons 5 à 6 minutes jusqu'à ce qu'ils soient cuits et que tout le liquide se soit évaporé. Retirez les champignons de la poêle.

Faites fondre encore un peu de beurre ou de margarine dans la même poêle, puis ajoutez un quart des œufs battus. Poivrez et faites cuire les œufs en les mélangeant à l'aide d'une cuillère en bois de manière à rabattre les œufs cuits vers le centre de la poêle et à laisser ainsi l'œuf cru couler vers les bords de la poêle.

Lorsque les œufs sont à peine baveux, parsemez un quart des champignons, un peu de persil et un peu de gruyère. Pliez l'omelette en deux et déposez sur une assiette de service déjà chaude. Gardez au chaud pendant que vous préparez les 3 autres omelettes.

POUR 6 PERSONNES - PRÉPARATION 10 MINUTES - CUISSON 25 À 30 MINUTES - 248 KCAL PAR PORTION

FRITTATA BUTTERNUT & RICOTTA

INGRÉDIENTS

1. 450 g de chair de courge butternut écorcée et coupée en dés
2. 8 œufs
3. 1 cuillerée à soupe de thym ciselé
4. 2 cuillerées à soupe de sauge ciselée
5. 125 g de ricotta

GARDE-MANGER

1 cuillerée à soupe d'huile de colza vierge extra, 1 oignon rouge émincé, sel et poivre

Faites chauffer l'huile à feu doux-moyen dans une grande poêle à bords hauts munie d'un manche résistant à la chaleur, ajoutez l'oignon et la chair de courge butternut, puis couvrez partiellement et faites mijoter 18 à 20 minutes, en remuant souvent, jusqu'à ce que les légumes soient tendres et dorés.

Battez légèrement les œufs, le thym, la sauge et la ricotta dans un bol verseur, salez et poivrez, puis versez sur la chair de courge butternut. Laissez cuire 2 à 3 minutes jusqu'à ce que les œufs soient presque complètement pris, en remuant de temps en temps à l'aide d'une maryse en caoutchouc pour éviter au fond de la poêle de brûler.

Glissez la poêle sous un gril préchauffé, en prenant bien soin d'éloigner le manche de la poêle de la source de chaleur, et faites griller 3 à 4 minutes jusqu'à ce que les œufs soient entièrement pris et que la frittata soit bien dorée. Découpez en 6 parts et servez chaud.

POUR 4 PERSONNES - PRÉPARATION 5 MINUTES - CUISSON 15 MINUTES - 136 KCAL PAR PORTION

SOUPE AUX HARICOTS BLANCS AU LARD

INGRÉDIENTS

1. 2 tranches de lard fumé coupées en dés
2. Quelques brins de thym ou de thym citron
3. 2 boîtes de 400 g de haricots blancs, rincés et égouttés
4. 2 cuillerées à soupe de persil haché

GARDE-MANGER

1 cuillerée à café d'huile d'olive, 2 gousses d'ail écrasées, 1 oignon haché, 900 ml de bouillon de légumes, poivre

Faites chauffer l'huile d'olive dans une grande casserole. Faites revenir le lard, l'ail et l'oignon 3 à 4 minutes jusqu'à ce que le lard commence à dorer et l'oignon à fondre.

Ajoutez le thym et faites revenir 1 minute. Ajoutez les haricots blancs et le bouillon de légumes, portez à ébullition puis laissez mijoter 10 minutes à feu moyen.

Mixez la soupe dans un robot ou un blender avec le persil et du poivre.

Remettez dans la casserole pour réchauffer. Servez avec du pain frais.

POUR 4 PERSONNES - PRÉPARATION 10 MINUTES - CUISSON 15 MINUTES - 149 KCAL PAR PORTION

BROCHETTES POULET & LÉGUMES

INGRÉDIENTS

1. 4 hauts de cuisses de poulet désossés et sans la peau
2. 2 cuillerées à soupe de miel liquide
3. 2 cuillerées à soupe de moutarde à l'ancienne
4. 1 courgette coupée en 8 gros morceaux
5. 1 carotte coupée en 8 gros morceaux

Coupez le poulet en morceaux. Enrobez-les d'un mélange miel-moutarde. Posez-les sur une plaque de cuisson et enfournez 15 minutes dans un four préchauffé à 180 °C. Laissez refroidir hors du four.

Enfilez les morceaux de poulet et de légumes sur 8 brochettes en bambou.

Servez en présentant séparément le mélange miel-moutarde restant. Ces brochettes peuvent être gardées au réfrigérateur jusqu'au lendemain pour un pique-nique ou un repas sur le pouce.

VARIANTE

Pour des brochettes de poulet au miel et à l'ail, mélangez 2 cuillerées à soupe de ketchup avec 2 cuillerées à café de miel liquide, 2 gousses d'ail écrasées et 1 cuillerée à soupe d'huile de tournesol. Enrobez le poulet avec le mélange, puis faites-le cuire comme ci-contre. Enfilez-le sur des brochettes avec 1 poivron rouge évidé, épépiné et coupé en morceaux, et 8 tomates cerises.

POUR 4 PERSONNES - PRÉPARATION 5 MINUTES - CUISSON 10 MINUTES - 187 KCAL PAR PORTION

CREVETTES À LA PANCETTA

INGRÉDIENTS

1. 15 g de beurre doux
2. 50 g de pancetta ou de lard fumé coupés en dés
3. 500 g de crevettes crues décortiquées
4. 1 botte de cresson

GARDE-MANGER

1 cuillerée à café d'huile d'olive, le zeste râpé et le jus de 1 citron

Faites chauffer l'huile d'olive et le beurre dans une grande poêle, ajoutez la pancetta et faites dorer 3 à 4 minutes jusqu'à ce qu'elle soit croustillante.

Ajoutez les crevettes et faites-les cuire 1 minute de chaque côté. Parsemez de zeste et de jus de citron. Poursuivez la cuisson 1 minute, ajoutez le cresson et mélangez.

Servez ainsi pour un déjeuner léger. Pour un plat plus consistant, accompagnez de pommes de terre ou de pâtes.

POUR 4 PERSONNES - PRÉPARATION 10 MINUTES - CUISSON 5 MINUTES - 216 KCAL PAR PORTION

CURRY ROUGE DE PORC À LA THAÏE

INGRÉDIENTS

1. 1 ½ cuillerée à soupe de pâte de curry rouge thaïe
2. 375 g de porc maigre, coupé en fines lanières
3. 100 g de haricots verts, éboutés et coupés en deux
4. 2 cuillerées à soupe de sauce de poisson thaïe (nampla)
5. Ciboulette chinoise ou ciboulette classique pour le décor

GARDE-MANGER

2 cuillerées à soupe d'huile d'arachide,
1 cuillerée à café de sucre

Faites chauffer l'huile dans un wok à feu moyen jusqu'à ce qu'elle commence à grésiller. Ajoutez la pâte de curry et laissez cuire, en remuant de temps en temps, pour qu'elle exhale tous ses arômes.

Ajoutez le porc et les haricots verts, puis faites sauter les ingrédients 2 à 3 minutes jusqu'à ce que la viande soit bien cuite et que les haricots soient tendres.

Ajoutez la sauce de poisson et le sucre, puis mélangez. Décorez de ciboulette et servez.

POUR 6 PERSONNES - PRÉPARATION 10 MINUTES - CUISSON 15 À 20 MINUTES - 218 KCAL PAR PORTION

AVGOLEMONO GREC AU POULET

INGRÉDIENTS

1. 125 g d'orzo ou de risoni, ou autres petites pâtes
2. 25 g de beurre
3. 4 jaunes d'œufs
4. 125 g de poulet cuit coupé en fines lanières
5. Feuilles d'origan

GARDE-MANGER

2 litres de bouillon de poule, 25 g de farine, le zeste râpé et le jus de 1 citron, sel et poivre, zeste de citron, quartiers de citron

Portez le bouillon de poule à ébullition et faites-y cuire les pâtes 8 à 10 minutes.

Faites chauffer le beurre dans une petite casserole, incorporez la farine, puis versez progressivement 2 louchées de bouillon chaud. Portez à ébullition en remuant. Retirez du feu.

Mélangez les jaunes d'œufs avec le zeste de citron et un peu de sel et de poivre dans un petit bol. Incorporez le jus de citron puis la sauce de la petite casserole, en remuant constamment. Quand les pâtes sont cuites, incorporez 1 ou 2 autres louchées de bouillon dans la préparation au citron, puis versez-la sur les pâtes. (N'ajoutez pas les œufs et le citron directement dans les pâtes car la consistance en serait modifiée.) Mélangez bien, puis servez dans des assiettes à soupe avec du poulet, du zeste de citron et des feuilles d'origan ciselées. Accompagnez de quartiers de citron.

POUR 4 PERSONNES - PRÉPARATION 15 MINUTES - CUISSON 25 MINUTES - 160 KCAL PAR PORTION

SOUPE À LA PATATE DOUCE & AU CHOU

INGRÉDIENTS

1. 4 tranches de lard fumé coupées en dés
2. 500 g de patates douces coupées en dés
3. 2 panais coupés en dés
4. 1 cuillerée à café de thym haché
5. 1 minichou vert frisé coupé en lanières

GARDE-MANGER

2 oignons hachés, 2 gousses d'ail émincées, 900 ml de bouillon de légumes

Mettez les oignons, l'ail et le lard fumé dans une grande casserole et faites revenir 2 à 3 minutes.

Ajoutez les patates douces, les panais, le thym et le bouillon de légumes. Portez à ébullition et faites cuire à feu doux 15 minutes.

Versez les deux tiers de la soupe dans le bol d'un robot ou d'un blender puis mixez. Remettez dans la casserole, ajoutez le chou et laissez mijoter 5 à 7 minutes de plus jusqu'à ce que le chou soit juste cuit. Servez avec du pain de campagne.

VARIANTE

Pour une soupe à la courge et au brocoli, suivez la recette ci-contre en remplaçant les patates douces par 500 g de courge butternut pelée et coupée en dés. Après avoir remis les deux tiers de la soupe dans la casserole, ajoutez 100 g de brocoli détaillé en petits bouquets à la place du chou. Faites cuire comme ci-contre.

POUR 6 PERSONNES - PRÉPARATION 5 MINUTES - CUISSON 10 MINUTES - 122 KCAL PAR PORTION

LANGOUSTINES AU TAMARIN

INGRÉDIENTS

1. 1 kg de langoustines crues avec leur carapace, ou décongelées
2. 4 cm de gingembre frais
3. 2 cuillerées à café de pâte de tamarin (dans les supermarchés asiatiques)
4. Le jus de 2 citrons verts
5. 1 petit bouquet de coriandre

GARDE-MANGER

2 cuillerées à soupe d'huile d'olive, 1 gros oignon haché, 3 ou 4 gousses d'ail finement hachées, 300 ml de fumet de poisson, quartiers de citron vert

Rincez les langoustines à l'eau froide et égouttez-les bien. Faites chauffer l'huile d'olive dans une casserole ou un wok, ajoutez l'oignon et faites revenir 5 minutes jusqu'à ce qu'il commence à dorer.

Pelez et hachez finement l'ail. Mettez-le dans le wok avec le gingembre et la pâte de tamarin. Remuez puis ajoutez le jus des citrons verts et le fumet de poisson.

Portez à ébullition et ajoutez les langoustines. Faites cuire 5 minutes en remuant jusqu'à ce que les langoustines soient rose vif. Dressez-les dans des bols et servez avec des feuilles de coriandre et des quartiers de citron vert.

RECETTES À MOINS DE 500 CALORIES

POUR 4 PERSONNES - PRÉPARATION 10 MINUTES - CUISSON 10 MINUTES - 498 KCAL PAR PORTION

PIZZA À LA ROQUETTE & AU PROSCIUTTO

INGRÉDIENTS

1. 300 g de pâte à pizza
2. 250 g de mozzarella allégée, découpée en petits morceaux
3. 8 tomates cerises découpées en quartiers
4. 150 g de prosciutto en tranches
5. 50 g de roquette

GARDE-MANGER

2 gousses d'ail coupées en deux, vinaigre balsamique selon le goût, sel et poivre

Divisez la pâte à pizza en quatre, puis étalez pour former 4 bases de pizza individuelles. Frottez le dessus des pâtes à pizza avec la face tranchée des gousses d'ail, puis jetez les gousses d'ail.

Disposez les pâtes à pizza sur une plaque de cuisson, déposez la mozzarella et les tomates cerises par-dessus, puis faites cuire 10 minutes dans un four préchauffé à 200 °C jusqu'à ce que la croûte soit bien dorée.

Recouvrez les pizzas de prosciutto et de feuilles de roquette, assaisonnez avec du sel, du poivre et du vinaigre balsamique. Servez immédiatement.

VARIANTE

Pour une pizza hawaïenne, égouttez 1 boîte de 220 g de tranches d'ananas et hachez l'ananas. Égouttez 1 boîte de 160 g de thon au naturel et émiettez le thon. Recouvrez les pâtes à pizza avec l'ananas et le thon, puis parsemez de mozzarella et de tomates. Faites cuire comme indiqué ci-contre. 481 kcal par portion

POUR 4 PERSONNES - PRÉPARATION 5 MINUTES + MARINADE - CUISSON 5 MINUTES - 340 KCAL PAR PORTION

POULET TERIYAKI

INGRÉDIENTS

1. 4 blancs de poulet (environ 500 g) coupés en cubes de 2 ou 3 cm de côté
2. 4 cuillerées à soupe de sauce soja foncée + pour servir
3. 4 cuillerées à soupe de mirin
4. 250 g de nouilles soba

GARDE-MANGER

2 cuillerées à soupe de sucre, huile de sésame

Mettez les cubes de poulet dans un plat. Mélangez la sauce soja avec le mirin et le sucre. Versez le mélange sur le poulet et remuez délicatement. Laissez mariner 15 minutes.

Faites cuire les nouilles selon les instructions du paquet. Égouttez-les puis plongez-les dans de l'eau glacée. Égouttez-les de nouveau et mettez-les au réfrigérateur.

Enfilez les cubes de poulet sur des brochettes en métal, puis faites-les griller 2 ou 3 minutes de chaque côté.

Mélangez les nouilles avec un peu d'huile de sésame. Servez-les avec les brochettes de poulet, accompagnées de petits bols d'huile de sésame et de sauce soja.

POUR 4 PERSONNES - PRÉPARATION 5 MINUTES - CUISSON 5 MINUTES - 353 KCAL PAR PORTION

BŒUF SAUTÉ À LA TRÉVISE

INGRÉDIENTS

1. 3 faux-filets de bœuf de 300 g chacun
2. 150 g de trévise découpée en lanières de 2,5 cm de large

GARDE-MANGER

½ cuillerée à soupe d'huile d'olive, 2 gousses d'ail finement hachées, sel

Ôtez l'excédent de graisse des faux-filets et tranchez la viande en très fines lanières.

Faites chauffer l'huile à feu vif dans une poêle à fond épais, ajoutez l'ail et la viande, salez et faites sauter les ingrédients 2 minutes jusqu'à ce que le bœuf soit bien doré.

Ajoutez la trévise et faites sauter jusqu'à ce que les feuilles de trévise commencent à tomber. Servez immédiatement.

POUR 4 PERSONNES - PRÉPARATION 15 MINUTES - CUISSON 45 MINUTES - 357 KCAL PAR PORTION

SALADE DE POULET ESTIVALE

INGRÉDIENTS

1. 4 blancs de poulet de 125 g chacun
2. 2 poivrons rouges évidés et épépinés
3. 1 botte d'asperges épluchées
4. 200 g de pommes de terre nouvelles, bouillies et coupées en deux
5. 1 bouquet de basilic

GARDE-MANGER

2 petits oignons rouges, 5 cuillerées à soupe d'huile d'olive, 2 cuillerées à soupe de vinaigre balsamique, sel et poivre

Faites chauffer un gril en fonte (ou une poêle ordinaire), puis faites cuire le poulet 8 à 10 minutes de chaque côté. Retirez-le de la poêle et coupez-le en morceaux.

Détaillez les oignons en quartiers, en gardant la base pour les maintenir. Faites-les dorer 5 minutes de chaque côté dans la poêle, puis réservez.

Coupez les poivrons en morceaux et faites-les cuire 8 minutes dans la poêle, uniquement côté peau pour qu'elle noircisse. Réservez, puis faites revenir les asperges 6 minutes.

Mettez les pommes de terre dans un grand saladier. Détaillez les feuilles de basilic, en en réservant quelques-unes pour la décoration. Ajoutez-les dans le saladier avec le poulet et les légumes. Assaisonnez avec l'huile d'olive, le vinaigre balsamique, du sel et du poivre. Remuez et décorez avec des feuilles de basilic.

POUR 2 PERSONNES - PRÉPARATION 10 MINUTES - CUISSON 12 À 16 MINUTES - 393 KCAL PAR PORTION

FOIE DE VEAU & PURÉE À L'AIL

INGRÉDIENTS

1. 350 g de pommes de terre
2. 3 cuillerées à soupe de crème fraîche légère
3. ½ cuillerée à soupe de sauge ciselée
4. 2 tranches de foie de veau de 150 g chacune
5. Sauce au jus de viande pour le dressage

GARDE-MANGER

1 gousse d'ail, 1 cuillerée à soupe de farine salée et poivrée, 2 cuillerées à soupe d'huile d'olive, sel et poivre

Pelez les pommes de terre et détaillez-les en cubes. Dans une casserole d'eau bouillante légèrement salée, faites cuire les pommes de terre et l'ail 10 à 12 minutes, puis égouttez. Remettez les cubes de pomme de terre et l'ail dans la même casserole, et, avec la crème fraîche et la sauge, écrasez à l'aide d'une fourchette.

Farinez les tranches de foie de veau. Faites chauffer l'huile dans une poêle et faites frire les 2 tranches de foie de veau 1 à 2 minutes de chaque côté selon la cuisson que vous préférez. Servez, arrosé de sauce à la viande avec la purée en accompagnement.

POUR 4 PERSONNES - PRÉPARATION 5 MINUTES - CUISSON 30 MINUTES - 350 KCAL PAR PORTION

POIVRONS GRILLÉS AU FROMAGE DE CHÈVRE

INGRÉDIENTS

1. 4 poivrons rouges avec le pédoncule, coupés en deux et épépinés
2. 400 g de flageolets en boîte, égouttés et rincés
3. 125 g de fromage de chèvre en bûche
4. 8 cuillerées à café de pesto prêt à l'emploi

GARDE-MANGER

4 cuillerées à café d'huile d'olive

Déposez les moitiés de poivron sur une plaque de cuisson, peau vers le bas, et répartissez les flageolets dans les moitiés de poivron. Arrosez d'huile d'olive.

Coupez 8 tranches de fromage de chèvre et disposez-les sur les flageolets. Recouvrez chaque tranche de chèvre avec 1 cuillerée à café de pesto.

Recouvrez les poivrons avec du papier d'aluminium et faites cuire 20 minutes dans un four préchauffé à 200 °C jusqu'à ce que les poivrons soient tendres. Retirez le papier d'aluminium et poursuivez la cuisson encore 10 minutes.

POUR 4 PERSONNES - PRÉPARATION 10 MINUTES - CUISSON 10 MINUTES - 461 KCAL PAR PORTION

POIS CHICHES AU CHORIZO

INGRÉDIENTS

1. 200 g de chorizo coupé en dés de 1 cm de côté
2. 2 tomates bien mûres, épépinées et finement hachées
3. 3 cuillerées à soupe de persil ciselé
4. 2 boîtes de 400 g de pois chiches, égouttés

GARDE-MANGER

2 cuillerées à soupe d'huile d'olive, 1 oignon rouge finement haché, 2 gousses d'ail écrasées, sel et poivre

Faites chauffer l'huile dans une grande poêle antiadhésive, ajoutez l'oignon, l'ail et le chorizo, puis laissez cuire 4 à 5 minutes à feu moyen-vif, en remuant fréquemment.

Ajoutez les tomates, le persil et les pois chiches dans la poêle, puis laissez cuire 4 à 5 minutes, en remuant fréquemment, jusqu'à ce que tous les ingrédients soient bien chauds.

Salez et poivrez. Servez chaud ou à température ambiante.

POUR 4 PERSONNES - PRÉPARATION 10 MINUTES - CUISSON 15 MINUTES - 451 KCAL PAR PORTION

THON GRILLÉ & SALADE D'ÉPINARDS

INGRÉDIENTS

1. 500 g de petites pommes de terre nouvelles, nettoyées
2. 4 steaks de thon frais de 175 g chacun
3. 100 g de pousses d'épinard grossièrement hachées
4. Quartiers de citron vert grillés pour servir

GARDE-MANGER

4 cuillerées à soupe d'huile d'olive, 2 cuillerées à soupe de vinaigre balsamique, sel et poivre

Mettez les pommes de terre nouvelles dans un panier vapeur au-dessus d'une casserole d'eau bouillante, puis laissez cuire 15 minutes jusqu'à ce que les pommes de terre soient tendres.

Faites chauffer une poêle à griller. Essuyez les steaks de thon avec du papier absorbant, puis faites-les cuire dans la poêle 3 minutes de chaque côté pour une cuisson saignante, 5 minutes pour une cuisson à point, ou 8 minutes pour un steak bien cuit.

Retirez les pommes de terre du panier vapeur. Coupez-les en deux et mettez-les dans un saladier. Ajoutez les pousses d'épinard, l'huile d'olive et le vinaigre balsamique. Mélangez et assaisonnez. Répartissez la salade dans 4 assiettes, déposez un steak de thon par-dessus et ajoutez 1 quartier de citron vert grillé.

POUR 4 PERSONNES - PRÉPARATION 5 MINUTES - CUISSON 20 À 25 MINUTES - 413 KCAL PAR PORTION

CURRY MINUTE AU POULET

INGRÉDIENTS

1. 4 cuillerées à soupe de pâte de curry
2. 8 hauts de cuisses de poulet désossés et sans la peau, coupés en fines lanières
3. 400 g de tomates concassées en boîte
4. 250 g de brocoli coupé en petits bouquets
5. 100 ml de lait de coco

GARDE-MANGER

3 cuillerées à soupe d'huile d'olive, 1 oignon finement haché, sel et poivre

Faites chauffer l'huile à feu moyen dans une poêle antiadhésive et à bords hauts. Faites revenir l'oignon 3 minutes jusqu'à ce qu'il soit tendre et translucide. Ajoutez la pâte de curry et laissez cuire 1 minute en remuant régulièrement jusqu'à ce que tous les arômes se dégagent.

Ajoutez le poulet, les tomates et le lait de coco dans la poêle. Portez à ébullition, puis baissez le feu, couvrez et faites mijoter 15 à 20 minutes, à feu doux, en ajoutant le brocoli et les tiges du brocoli épluchées et émincées après 10 minutes de cuisson. Le poulet doit être bien cuit.

Retirez du feu, salez et poivrez. Servez immédiatement.

POUR 4 PERSONNES - PRÉPARATION 10 MINUTES - CUISSON 10 MINUTES - 422 KCAL PAR PORTION

TRUITE AU PESTO

INGRÉDIENTS

1. 4 filets de truite de 200 g chacun
2. 1 bonne poignée de basilic, grossièrement haché + quelques feuilles pour le décor
3. 50 g de parmesan fraîchement râpé
4. Salade pour servir

GARDE-MANGER

4 cuillerées à soupe d'huile d'olive + un peu pour la plaque, 1 gousse d'ail écrasée, sel et poivre

Huilez légèrement une plaque de cuisson recouverte de papier d'aluminium et préchauffez-la sous un gril très chaud.

Déposez les filets de truite sur la plaque chaude, salez et poivrez, puis glissez-la sous le gril 8 à 10 minutes jusqu'à ce que le poisson soit légèrement doré et que la chair de la truite se détache facilement sous la lame d'un couteau.

Mettez le basilic et l'ail dans un bol. Mixez avec l'huile en vous servant d'un mixeur plongeant. Ajoutez le parmesan et mélangez.

Retirez le poisson du gril, déposez-le sur des assiettes de service, arrosez de pesto, décorez de quelques feuilles de basilic et servez avec la salade.

VARIANTE

Déposez les filets de truite sur une plaque de cuisson recouverte de papier d'aluminium, comme indiqué ci-contre. Mélangez le zeste finement râpé et le jus de 1 petite orange, 1 cuillerée à soupe de persil ciselé et 4 cuillerées à soupe d'huile d'olive. Badigeonnez les filets de ce mélange, salez et poivrez. Faites griller jusqu'à ce que le poisson soit doré et que sa chair soit nacrée, puis parsemez d'amandes effilées torréfiées. Servez avec de la salade verte. 403 kcal par portion

POUR 4 PERSONNES - PRÉPARATION 10 MINUTES + MARINADE - CUISSON 16 À 20 MINUTES - 401 KCAL PAR PORTION

POULET TANDOORI

INGRÉDIENTS

1. 4 blancs de poulet de 125 g chacun
2. 4 cuillerées à soupe de pâte ou de poudre tandoori
3. 4 tomates coupées en fines rondelles
4. 1 bouquet de coriandre ciselé

GARDE-MANGER

2 oignons rouges émincés, 4 cuillerées à soupe de jus de citron, 4 cuillerées à soupe d'huile d'olive, quartiers de citron grillés (facultatif) pour le décor, sel et poivre

Faites plusieurs incisions dans les blancs de poulet et frottez-les avec la pâte ou la poudre tandoori. Laissez-les mariner toute la nuit au réfrigérateur.

Faites chauffer un gril en fonte (ou une poêle ordinaire), puis faites cuire les blancs de poulet 8 à 10 minutes de chaque côté, en les laissant noircir légèrement.

Mélangez les oignons, les tomates et la coriandre avec le jus de citron, l'huile d'olive, du sel et du poivre dans un saladier. Servez la salade avec le poulet tandoori et des quartiers de citron.

VARIANTE

Remplacez la pâte ou la poudre de tandoori par de la harissa que vous frotterez sur les morceaux de poulet entaillés. Laissez mariner, puis faites frire. Faites gonfler 200 g de couscous dans 450 ml d'eau bouillante pendant 5 minutes. Ajoutez 2 cuillerées à soupe d'huile d'olive, 3 cuillerées à soupe de coriandre fraîche ciselée, du sel et du poivre, puis mélangez. Servez avec des quartiers de citron. 402 kcal par portion

POUR 2 PERSONNES - PRÉPARATION 10 MINUTES - CUISSON 15 MINUTES - 417 KCAL PAR PORTION

FRITTATA AUX ÉPINARDS & À LA RICOTTA

INGRÉDIENTS

1. 400 g de haricots beurre en boîte, égouttés et rincés
2. 200 g de pousses d'épinard
3. 4 œufs battus
4. 50 g de ricotta

GARDE-MANGER

1 cuillerée à café d'huile d'olive, 1 oignon émincé, sel et poivre noir (facultatif)

Faites chauffer l'huile dans une poêle et faites revenir l'oignon 3 à 4 minutes jusqu'à ce qu'il soit tendre. Ajoutez les haricots beurre et les pousses d'épinard, puis faites chauffer doucement 2 à 3 minutes pour faire tomber les pousses d'épinard.

Versez les œufs dans la poêle, puis ajoutez la ricotta à l'aide d'une cuillère. Salez et poivrez si vous le souhaitez. Laissez cuire jusqu'à ce que les œufs soient presque complètement pris, puis mettez la poêle sous un gril chaud et laissez cuire 1 à 2 minutes jusqu'à ce que la frittata soit dorée et bien prise.

POUR 4 PERSONNES - PRÉPARATION 15 MINUTES - CUISSON 1 H 45 À 2 H 15 - 476 KCAL PAR PORTION

POULET À LA CITRONNELLE

INGRÉDIENTS

1. 12 pilons de poulet
2. 6 cuillerées à soupe de citronnelle très finement hachée
3. 1 tige de citronnelle
4. 1 piment rouge émincé ou haché
5. 2 cuillerées à soupe de pâte de curry médium

GARDE-MANGER

1 cuillerée à soupe d'huile de tournesol, 1 oignon émincé, 4 gousses d'ail écrasées, 1 cuillerée à soupe de sucre roux, 250 ml de bouillon de poule, sel et poivre

Faites chauffer l'huile de tournesol dans une grande cocotte à fond épais et saisissez les pilons de poulet 5 à 6 minutes. Retirez-les à l'aide d'une écumoire et réservez-les. Coupez la tige de citronnelle en deux dans le sens de la longueur.

Mettez l'oignon dans la cocotte et laissez-le blondir 10 minutes, en remuant. Ajoutez l'ail, la citronnelle, le piment et la pâte de curry, et poursuivez la cuisson 1 à 2 minutes.

Ajoutez le poulet, le sucre roux et le bouillon de poule. Portez à ébullition, salez et poivrez, puis couvrez hermétiquement. Faites cuire 1 h 30 à 2 heures dans un four préchauffé à 140 °C. Sortez du four et servez immédiatement.

POUR 4 PERSONNES - PRÉPARATION 10-15 MINUTES - CUISSON 35 MINUTES - 435 KCAL PAR PORTION

PAPPARDELLES AUX POIVRONS & AUX NOIX

INGRÉDIENTS

1. 4 poivrons rouges épépinés et émincés
2. 60 g de noix hachées
3. 300 g de pappardelles aux œufs frais
4. 25 g de parmesan en copeaux

GARDE-MANGER

4 cuillerées à café d'huile d'olive, 3 ou 4 gousses d'ail émincées, sel et poivre

Déposez les poivrons sur une plaque de cuisson, peau vers le haut. Badigeonnez-les avec ½ cuillerée à café d'huile d'olive et faites cuire sous le gril chaud. Couvrez avec du papier absorbant mouillé. Lorsque les poivrons ont assez refroidi, retirez la peau. Réservez 4 tranches de poivron pour le décor et découpez les poivrons restants en gros dés.

Faites chauffer l'huile d'olive restante dans une grande poêle à feu doux-moyen. Ajoutez l'ail, mais ne le laissez pas dorer. Ajoutez les dés de poivron rouge et les noix, puis mélangez. Gardez au chaud.

Portez une grande casserole d'eau salée à ébullition. Faites cuire les pâtes 3 à 4 minutes après la reprise de l'ébullition. Égouttez-les et transférez-les dans un grand saladier déjà chaud.

Mélangez les pâtes avec l'ail, les poivrons et les noix. Parsemez de copeaux de parmesan et décorez avec les tranches de poivron réservées.

RISOTTO AU SAUMON FUMÉ

POUR 4 PERSONNES - PRÉPARATION 10 MINUTES - CUISSON 25 MINUTES - 428 KCAL PAR PORTION

INGRÉDIENTS

1. 300 g de riz pour risotto
2. 150 ml de vin blanc sec
3. 125 g de fromage frais allégé
4. 125 g de saumon fumé
5. 4 cuillerées à soupe d'herbes ciselées

GARDE-MANGER

2 cuillerées à café d'huile d'olive, 1 oignon finement haché, 2 gousses d'ail écrasées, 900 ml de bouillon de légumes frémissant, sel et poivre

Faites chauffer l'huile dans une grande casserole et faites revenir l'oignon et l'ail 2 à 3 minutes jusqu'à ce qu'ils soient tendres.

Ajoutez le riz. Mélangez pendant 1 minute. Ajoutez le vin et laissez cuire en remuant régulièrement jusqu'à ce que tout le vin ait été absorbé.

Baissez le feu et ajoutez le bouillon peu à peu, en remuant sans cesse et en attendant que le bouillon ait été absorbé avant d'en rajouter. Continuez jusqu'à ce que tout le bouillon ait été absorbé.

Ajoutez le fromage frais, le saumon fumé coupé en morceaux et les herbes, puis mélangez. Salez et poivrez, puis servez.

OCCASIONS SPÉCIALES

POUR 6 PERSONNES - PRÉPARATION 10 MINUTES - CUISSON 20 MINUTES - 150 KCAL PAR PORTION

ASPERGES AU SAUMON FUMÉ

INGRÉDIENTS

1. 200 g d'asperges vertes pelées
2. 3 cuillerées à soupe de noisettes grossièrement hachées
3. 1 cuillerée à café de moutarde de Dijon
4. 12 œufs de caille
5. 250 g de saumon fumé

GARDE-MANGER

4 cuillerées à café d'huile d'olive, le jus de 1 citron, sel et poivre

Faites cuire les asperges 20 minutes à la vapeur.

Placez les noisettes sur une feuille d'aluminium et faites-les dorer sous le gril du four. Mélangez l'huile d'olive, le jus de citron et la moutarde. Salez et poivrez. Mélangez la vinaigrette et les noisettes grillées encore chaudes. Réservez au chaud.

Versez 4 cm d'eau dans une casserole et portez l'eau à ébullition.

Plongez délicatement les œufs de caille dans l'eau à l'aide d'une écumoire et faites-les cuire 1 minute. Retirez la casserole du feu et laissez les œufs reposer 1 minute. Videz l'eau, rincez les œufs à l'eau froide et égouttez-les.

Coupez le saumon en lanières et répartissez-les dans 6 assiettes en essayant de leur donner une jolie forme. Glissez les asperges dans les lanières de saumon et coupez les œufs de caille en deux. Disposez-les sur le dessus. Versez la vinaigrette aux noisettes, poivrez.

POUR 6 PERSONNES - PRÉPARATION 20 MINUTES - CUISSON 15 MINUTES - 403 KCAL PAR PORTION

SALADE DE CANARD À LA CLÉMENTINE

INGRÉDIENTS

1. 3 magrets de canard d'environ 225 g chacun
2. 300 g de haricots verts éboutés
3. 3 clémentines pelées à vif et découpées en quartiers + le jus de 2 clémentines
4. 200 g d'épinards

GARDE-MANGER

1 cuillerée à soupe de vinaigre de vin blanc,
4 cuillerées à soupe d'huile d'olive, sel et poivre

Mettez les magrets de canard, peau vers le bas, dans un plat froid résistant à la chaleur et faites cuire 6 minutes à feu moyen jusqu'à ce que la peau soit croustillante et dorée. Retournez les magrets et faites cuire encore 2 minutes. Enfournez les magrets 5 minutes dans un four préchauffé à 180 °C. Sortez les magrets du four, couvrez de papier d'aluminium et laissez reposer.

Faites blanchir les haricots verts dans de l'eau bouillante 2 minutes : ils doivent rester croquants et vert vif. Égouttez-les et rafraîchissez-les dans de l'eau froide. Mettez-les dans un grand saladier avec les quartiers de clémentine.

Préparez la sauce en mélangeant le jus des clémentines, le vinaigre et l'huile dans un petit bol. Salez et poivrez.

Ajoutez les épinards dans les haricots verts et les clémentines, arrosez de sauce et mélangez. Découpez les magrets en tranches, mélangez-les avec la salade.

POUR 1 PERSONNE - PRÉPARATION 15 MINUTES + MARINADE + RÉFRIGÉRATION
CUISSON 15 MINUTES - 127 KCAL PAR PORTION

PAPILLOTES DE POISSON AU PIMENT

INGRÉDIENTS

1. 125 g de filet de cabillaud, de lieu noir ou de haddock
2. 1 cuillerée à soupe de feuilles de coriandre fraîche
3. 1 piment vert épépiné et haché
4. 2 cuillerées à café de yaourt nature

GARDE-MANGER

2 cuillerées à café de jus de citron, 1 gousse d'ail, ½ cuillerée à café de sucre

Déposez le poisson dans un plat non métallique et arrosez de jus de citron. Couvrez et faites mariner 15 à 20 minutes au réfrigérateur.

Mixez la coriandre, l'ail et le piment dans un robot ou un blender jusqu'à l'obtention d'une pâte. Ajoutez le sucre et le yaourt, puis mixez rapidement pour obtenir une préparation homogène.

Déposez le poisson sur une feuille de papier d'aluminium. Recouvrez les 2 faces du poisson avec la pâte de piment. Relevez les bords de la feuille de papier d'aluminium, puis repliez-les pour refermer la papillote. Remettez au moins 1 heure au réfrigérateur.

Déposez la papillote sur une plaque de cuisson et faites cuire 15 minutes dans un four préchauffé à 200 °C.

POUR 4 PERSONNES - PRÉPARATION 10 MINUTES - CUISSON JUSQU'À 45 MINUTES - 424 KCAL PAR PORTION

FILET DE CHEVREUIL AUX BAIES ROSES

INGRÉDIENTS

1. 750 g de filet de chevreuil
2. 2 cuillerées à soupe de baies de genièvre écrasées
3. 1 blanc d'œuf légèrement battu
4. 400 g de haricots verts

GARDE-MANGER

75 g de baies roses concassées, sel

Vérifiez que votre poêle à griller est assez grande pour contenir le filet de chevreuil. Si ce n'est pas le cas, coupez-le en deux.

Mélangez les baies roses, les baies de genièvre et du sel dans un plat peu profond. Plongez le filet de chevreuil dans le blanc d'œuf, puis roulez-le dans les baies concassées pour le recouvrir.

Faites cuire la viande sur ses 4 faces sous un gril chaud pendant 4 minutes, en le retournant très délicatement pour éviter d'abîmer la croûte. Mettez le filet de chevreuil dans un plat à rôtir légèrement graissé et faites-le cuire dans un four préchauffé à 200 °C 15 minutes pour une cuisson saignante et jusqu'à 30 minutes pour un filet bien cuit (tout dépend de l'épaisseur du morceau).

Laissez reposer le filet de chevreuil quelques minutes, puis découpez des tranches épaisses et servez avec des haricots verts et des chips de patate douce, si vous le souhaitez.

POUR 4 PERSONNES - PRÉPARATION 10 MINUTES - CUISSON 10 MINUTES - 399 KCAL PAR PORTION

ESPADON, COUSCOUS & SALSA TOMATE-OLIVE

INGRÉDIENTS

1. 4 steaks d'espadon de 150 g chacun
2. 4 ou 5 petites tomates bien mûres
3. 16 olives de Kalamata en saumure, égouttées
4. 2 cuillerées à soupe de persil plat ciselé
5. 200 g de couscous

GARDE-MANGER

Sel et poivre

Salez et poivrez les steaks d'espadon.

Coupez les tomates en dés ou en quartiers, puis versez-les dans un saladier avec leur jus. Retirez les noyaux des olives et hachez la chair si les morceaux sont trop gros. Ajoutez les olives et le persil aux tomates, mélangez et assaisonnez. Réservez.

Faites gonfler le couscous comme indiqué sur le paquet.

Faites cuire les steaks d'espadon, 2 par 2, dans une poêle à griller déjà chaude. Faites dorer 4 minutes sur une face puis retournez les steaks d'espadon et poursuivez la cuisson encore 1 minute.

Servez l'espadon et le couscous immédiatement, accompagnés de la salsa aux tomates et aux olives.

POUR 4 PERSONNES - PRÉPARATION 10 MINUTES - CUISSON 20 MINUTES - 293 KCAL PAR PORTION

SAINT-JACQUES & PURÉE DE HARICOTS

INGRÉDIENTS

1. 2 boîtes de 400 g de haricots blancs (cannellini de préférence), égouttés et rincés
2. 2 cuillerées à soupe de persil haché
3. 16 minipoireaux
4. 16 noix de saint-jacques prêtes à cuire

GARDE-MANGER

2 gousses d'ail, 200 ml de bouillon de légumes, 2 cuillerées à café d'huile d'olive, 3 cuillerées à soupe d'eau

Mettez les haricots blancs, l'ail et le bouillon de légumes dans une casserole, portez à ébullition puis laissez mijoter 10 minutes. Retirez du feu, égouttez et écrasez en purée. Incorporez le persil. Réservez au chaud.

Faites chauffer la moitié de l'huile d'olive dans une poêle antiadhésive et faites revenir les poireaux 2 minutes, puis ajoutez l'eau. Couvrez et laissez mijoter 5 à 6 minutes jusqu'à ce qu'ils soient tendres.

Faites chauffer le reste d'huile dans une petite poêle et faites cuire les noix de saint-jacques 1 minute de chaque côté. Servez avec la purée de haricots blancs et les poireaux.

POUR 4 PERSONNES - PRÉPARATION 15 MINUTES - CUISSON 30 MINUTES - 302 KCAL PAR PORTION

FILET DE BŒUF EN CROÛTE DE POIVRON

INGRÉDIENTS

1. 1 poivron rouge coupé en deux et épépiné
2. 8 olives noires à la grecque, dénoyautées
3. 2 cuillerées à café de câpres
4. 8 échalotes épluchées
5. 4 morceaux de filet de bœuf de 150 g chacun

GARDE-MANGER

2 gousses d'ail, 1 cuillerée à soupe d'huile d'olive, 50 ml de vinaigre balsamique, 1 cuillerée à café de sucre muscovado, sel et poivre

Faites cuire le poivron sous un gril préchauffé jusqu'à ce que sa peau noircisse. Retirez du gril et couvrez le poivron avec du papier absorbant mouillé. Lorsque le poivron a assez refroidi, pelez-le et hachez-le.

Mixez l'ail, les olives, 1 cuillerée à café d'huile, les câpres et le poivron haché.

Mettez les échalotes et l'huile restante dans une petite poêle. Couvrez et faites cuire 15 minutes à feu doux, en remuant fréquemment.

Ajoutez le vinaigre et le sucre, puis laissez cuire 5 minutes à découvert, en remuant.

Assaisonnez la viande et faites cuire les morceaux, 2 par 2, dans une poêle à fond épais ou une poêle à griller déjà chaude. Faites cuire sur une face, puis déposez sur une plaque de cuisson. Recouvrez chaque morceau de filet avec le poivron. Mettez dans un four préchauffé à 200 °C pendant 5 minutes. Laissez reposer 5 minutes au chaud, avant de servir avec les échalotes au vinaigre balsamique.

VARIANTE

Mixez 350 g de champignons hachés avec 2 gousses d'ail écrasées, 1 oignon haché, 1 cuillerée à soupe d'huile d'olive, du sel et du poivre. Faites cuire 10 minutes, comme indiqué ci-contre, jusqu'à ce que la sauce soit assez concentrée. Ajoutez le jus de ½ citron, 2 cuillerées à soupe de persil frais haché et un trait de cognac, puis laissez cuire encore 5 minutes. Faites cuire la viande comme indiqué ci-contre puis recouvrez les morceaux de filet avec les champignons. 271 kcal par portion

POUR 4 PERSONNES - PRÉPARATION 5 MINUTES - CUISSON 10 MINUTES - 499 KCAL PAR PORTION

SAUMON AUX SAVEURS DOUCES & PIQUANTES

INGRÉDIENTS

1. 4 filets de saumon d'environ 200 g chacun
2. 1 ½ cuillerée à café de graines de cumin concassées
3. 1 cuillerée à café de paprika
4. 2 courgettes détaillées en fins rubans

GARDE-MANGER

3 cuillerées à soupe de sucre muscovado, 2 gousses d'ail écrasées, 1 cuillerée à soupe de vinaigre de vin blanc, 3 cuillerées à soupe d'huile d'arachide, sel et poivre, quartiers de citron pour servir

Mettez les filets de saumon dans un plat à rôtir légèrement huilé. Mélangez le sucre, l'ail, 1 cuillerée à café de graines de cumin, le paprika, le vinaigre et un peu de sel dans un saladier, puis étalez ce mélange sur le poisson afin de former une croûte légère. Arrosez avec 1 cuillerée à soupe d'huile.

Mettez 10 minutes dans un four préchauffé à 220 °C jusqu'à ce que le poisson soit cuit.

Faites chauffer l'huile restante dans une grande poêle, ajoutez les graines de cumin restantes et faites-les griller 10 secondes. Ajoutez les rubans de courgette, salez et poivrez, puis faites sauter 2 à 3 minutes jusqu'à ce qu'ils soient tendres.

Transférez sur des assiettes de service déjà chaudes et déposez le saumon par-dessus. Décorez avec des quartiers de citron.

POUR 2 PERSONNES - PRÉPARATION 10 MINUTES - CUISSON 9 MINUTES - 490 KCAL PAR PORTION

MOULES AU CIDRE

INGRÉDIENTS

1. 1,5 kg de moules de bouchot
2. 150 ml de cidre brut
3. 100 g de crème fraîche épaisse
4. 2 cuillerées à soupe de persil ciselé

GARDE-MANGER

2 gousses d'ail hachées, 1 oignon coupé en dés, sel et poivre

Nettoyez soigneusement les moules et mettez-les dans une grande casserole avec l'ail, l'oignon coupé en dés et le cidre. Portez à ébullition, couvrez et laissez cuire 4 à 5 minutes à feu moyen jusqu'à ce que toutes les coquilles soient ouvertes. Jetez toutes les moules qui restent fermées.

Égouttez les moules dans une passoire de manière à garder le jus, puis versez les moules dans un grand saladier, couvrez de papier d'aluminium et mettez dans un four à peine chaud pour maintenir à température.

Passez le jus de cuisson à travers un chinois et versez-le dans une casserole propre, puis portez à ébullition. Ajoutez la crème fraîche et mélangez le tout, puis laissez mijoter 3 à 4 minutes jusqu'à ce que la sauce ait légèrement épaissi. Salez et poivrez.

Versez la sauce sur les moules, parsemez de persil et servez immédiatement.

VARIANTE

Nettoyez les moules et mettez-les dans une grande casserole avec 2 gousses d'ail émincées, 2 cuillerées à café de gingembre frais râpé, 1 oignon coupé en petits dés et 1 piment rouge émincé. Ajoutez un peu d'eau et faites cuire comme indiqué ci-contre. Égouttez les moules et maintenez au chaud. Passez le jus de cuisson au chinois et versez-le dans une casserole propre. Ajoutez 100 g de crème de coco, puis mélangez et chauffez le tout. Versez sur les moules, parsemez de coriandre fraîche ciselée, puis servez.
314 kcal par portion

POUR 4 PERSONNES - PRÉPARATION 5 MINUTES - CUISSON 15 À 20 MINUTES - 411 KCAL PAR PORTION

POULET À L'ORANGE & À LA MENTHE

INGRÉDIENTS

1. 4 blancs de poulet de 200 g chacun
2. 150 ml de jus d'orange pressée + 1 petite orange coupée en tranches
3. 2 cuillerées à soupe de menthe hachée
4. 1 cuillerée à soupe de beurre
5. 200 g de couscous

GARDE-MANGER

3 cuillerées à soupe d'huile d'olive, sel et poivre

Salez et poivrez les blancs de poulet. Faites chauffer l'huile d'olive dans une grande poêle antiadhésive et faites dorer le poulet 4 à 5 minutes, à feu moyen, en le retournant 1 fois.

Versez le jus d'orange, ajoutez les tranches d'orange et portez aux frémissements. Couvrez bien, baissez le feu au minimum et laissez cuire 8 à 10 minutes. Ajoutez la menthe et le beurre et remuez bien. Faites cuire à feu vif 2 minutes puis servez avec le couscous.

POUR 4 PERSONNES - PRÉPARATION 10 MINUTES - CUISSON 6 À 8 MINUTES - 302 KCAL PAR PORTION

SARDINES GRILLÉES À LA MAROCAINE

INGRÉDIENTS

1. 12 sardines nettoyées et vidées
2. 2 cuillerées à soupe de harissa
3. Coriandre ciselée pour le décor

GARDE-MANGER

2 cuillerées à soupe d'huile d'olive, le jus de 1 citron + quartiers de citron pour servir, fleur de sel et poivre

Faites chauffer le gril au maximum. Rincez les sardines et épongez-les avec du papier absorbant. Faites plusieurs entailles assez profondes des 2 côtés de chaque sardine à l'aide d'un couteau aiguisé.

Mélangez la harissa avec l'huile et le jus de citron pour obtenir une pâte homogène. Frottez les 2 faces des sardines avec ce mélange. Déposez les sardines sur une plaque de cuisson légèrement huilée. Mettez les sardines sous le gril 3 à 4 minutes de chaque côté, selon leur taille, jusqu'à ce qu'elles soient cuites. Salez et poivrez, puis servez avec la coriandre et les quartiers de citron.

SARDINES AU PESTO

Sur un plat allant au four et de taille moyenne, alignez les tranches de 2 tomates et de 2 oignons émincés. Préparez les sardines comme indiqué ci-contre, badigeonnez-les avec 4 cuillerées à soupe de pesto au lieu de la pâte de harissa, puis déposez les sardines en une seule couche sur le lit de tomates et d'oignons. Couvrez de papier d'aluminium, puis mettez 20 à 25 minutes dans un four préchauffé à 200 °C.

375 kcal par portion

POUR 6 PERSONNES - PRÉPARATION 20 MINUTES - CUISSON 4 À 7 MINUTES - 148 KCAL PAR PORTION

BŒUF AU POIVRE & MESCLUN

INGRÉDIENTS

1. 2 steaks épais dans l'aloyau (500 g au total)
2. 200 g de yaourt nature 0 %
3. 1 à 1 ½ cuillerée à café de sauce au raifort
4. 150 g de mesclun
5. 100 g de champignons de Paris

GARDE-MANGER

3 cuillerées à café de 5-baies concassé, gros sel, 1 gousse d'ail, 1 oignon rouge, 1 cuillerée à soupe d'huile d'olive, sel et poivre

Retirez le gras des steaks et frottez la viande avec le 5-baies concassé et le gros sel.

Mélangez le yaourt, la sauce au raifort et l'ail écrasé. Salez et poivrez. Ajoutez le mesclun, les champignons coupés en tranches et l'oignon rouge coupé en fines tranches (réservez un peu d'oignon pour le décor). Mélangez délicatement.

Faites chauffer l'huile d'olive dans une poêle et faites saisir les steaks 2 minutes à feu vif. Retournez les steaks et faites-les cuire encore 2 minutes pour des steaks saignants, 3 à 4 minutes pour des steaks à point et 5 minutes pour des steaks bien cuits.

Dressez la salade au centre de 6 assiettes. Coupez les steaks en fines tranches et posez-les sur la salade. Décorez avec l'oignon rouge réservé.

POUR 4 PERSONNES - PRÉPARATION 12 MINUTES + MARINADE - CUISSON 8 MINUTES - 475 KCAL PAR PORTION

POULET AU CITRON

INGRÉDIENTS

1. 1 œuf légèrement battu
2. 500 g de blancs de poulet sans peau, coupés en lanières de 5 mm
3. 1 oignon vert coupé en biais, en tronçons de 1,5 cm
4. 160 g de riz long grain

GARDE-MANGER

2 gousses d'ail émincées, 2 petits morceaux de zeste + le jus de 1 citron, 2 cuillerées à soupe de fécule de maïs, 1 cuillerée à soupe d'huile de colza ou d'olive, rondelles de citron pour le décor

Mélangez l'œuf, l'ail et le zeste de citron dans un plat peu profond, ajoutez le poulet et laissez mariner 10 à 15 minutes.

Retirez le zeste de citron de la marinade et ajoutez la fécule de maïs. Mélangez soigneusement afin de bien la répartir sur toute la viande.

Faites chauffer l'huile dans un wok à feu vif. Disposez les lanières de poulet dans le wok, en les espaçant, et faites sauter 2 minutes.

Faites revenir encore 1 minute à feu moyen jusqu'à ce que le poulet soit bien doré et cuit. Augmentez le feu puis versez le jus de citron. Ajoutez l'oignon vert, décorez de rondelles de citron et servez aussitôt avec le riz.

POUR 4 PERSONNES - PRÉPARATION 10 MINUTES - CUISSON 10 MINUTES
308 KCAL PAR PORTION (HORS PÂTES)

AGNEAU GRILLÉ AUX CAPRONS

INGRÉDIENTS

1. 4 tranches de gigot d'agneau de 125 g chacune, dégraissées
2. 6 cuillerées à soupe de persil plat ciselé + quelques branches pour le décor
3. 12 tomates séchées
4. 4 cuillerées à soupe de caprons rincés

GARDE-MANGER

1 gousse d'ail écrasée, 1 cuillerée à soupe de jus de citron, 1 cuillerée à soupe d'huile d'olive, sel et poivre

Assaisonnez la viande et faites-la dorer sur chaque face sous un gril chaud pendant 5 minutes.

Réservez 4 cuillerées à soupe de persil ciselé. Mixez le persil restant, l'ail, les tomates, le jus de citron et l'huile.

À l'aide d'une cuillère, recouvrez la viande avec la sauce tomate. Parsemez la viande du persil reservé et ajoutez les caprons. Décorez avec les branches de persil et servez avec des pâtes, si vous le souhaitez.

VARIANTE

Utilisez de la tapenade d'olive noire au lieu de la sauce tomate et ajoutez-y tout le persil. Pour réaliser votre propre tapenade, mixez dans un robot 150 g d'olives noires dénoyautées, 3 cuillerées à soupe d'huile d'olive vierge extra, 1 gousse d'ail et 2 anchois au sel, puis salez, poivrez et ajoutez du persil plat ciselé. 357 kcal par portion (avec l'agneau)

POUR 2 PERSONNES - PRÉPARATION 15 MINUTES - CUISSON 5 MINUTES - 452 KCAL PAR PORTION

CALAMARS AGRUMES & NOIX DE COCO

INGRÉDIENTS

1. 375 g de calamars
2. 2 piments rouges épépinés et finement hachés
3. 2,5 cm de gingembre frais
4. 100 g de noix de coco fraîchement râpée
5. Mesclun pour servir

GARDE-MANGER

4 citrons coupés en deux + le zeste et le jus de 2 citrons, 4 cuillerées à soupe d'huile d'arachide, 1 à 2 cuillerées à soupe d'huile pimentée, 1 cuillerée à soupe de vinaigre de vin blanc

Tranchez les calamars préparés et nettoyés sur le côté afin de les étaler sur une planche à découper. À l'aide d'un couteau aiguisé, faites des croisillons sur leur face interne.

Mélangez le jus et le zeste de citron, les piments, le gingembre pelé et râpé, la noix de coco, les huiles et le vinaigre. Plongez les calamars dans la moitié de cette sauce pour bien les enrober.

Faites chauffer une poêle à griller, ajoutez les citrons, face tranchée vers le bas, et laissez cuire 2 minutes. Retirez de la poêle et réservez. Mettez les calamars dans la poêle toujours très chaude et faites cuire 1 minute. Retournez les calamars et faites-les cuire encore 1 minute jusqu'à ce qu'ils soient bien grillés. Ils ne doivent plus être translucides.

Mettez les calamars sur une planche à découper et faites des lanières. Arrosez avec la sauce restante. Servez les calamars accompagnés des citrons grillés et du mesclun.

PETITES DOUCEURS

POUR 4 PERSONNES - PRÉPARATION 1 MINUTE - CUISSON 4 MINUTES - 282 KCAL PAR PORTION

POP-CORN CARAMEL-CHOCOLAT

INGRÉDIENTS

1. 120 g de maïs à pop-corn
2. 250 g de beurre
3. 2 cuillerées à soupe de cacao en poudre

GARDE-MANGER

250 g de sucre roux

Versez le maïs dans un grand plat avec couvercle. Faites cuire 4 minutes au micro-ondes (900 watts). Vous pouvez aussi faire chauffer les grains de maïs pendant quelques minutes à feu moyen, dans une casserole avec couvercle, jusqu'à ce qu'ils éclatent.

Faites chauffer le beurre à feu doux avec le sucre et le cacao en poudre. Quand le sucre est dissous, retirez la casserole du feu.

Tournez les pop-corn chauds dans le beurre fondu puis servez.

VARIANTE

N'utilisez pas de sucre muscovado ni de cacao. Préparez le pop-corn au micro-ondes comme indiqué ci-contre, puis faites fondre 150 g de caramels mous, 125 g de beurre, 125 g de marshmallows et 50 g de chocolat noir dans une poêle à feu doux. Servez comme indiqué ci-contre.
341 kcal par portion

POUR 6 PERSONNES - PRÉPARATION 15 MINUTES - CUISSON 25 MINUTES - 107 KCAL PAR PORTION

PÊCHES POCHÉES AUX FRAMBOISES

INGRÉDIENTS

1. 150 ml de marsala ou de xérès doux
2. 1 gousse de vanille
3. 6 pêches coupées en deux et dénoyautées
4. 150 g de framboises fraîches

GARDE-MANGER

250 ml d'eau, 75 g de sucre

Versez l'eau, le marsala (ou le xérès) et le sucre dans une casserole. Fendez la gousse de vanille en deux et grattez les petites graines au-dessus de la casserole. Ajoutez la gousse. Faites chauffer à feu doux jusqu'à ce que le sucre soit dissous.

Disposez les moitiés de pêches dans un plat à gratin. Arrosez-les avec le sirop chaud, couvrez et faites cuire 20 minutes dans un four préchauffé à 180 °C.

Ajoutez les framboises dans le plat. Répartissez les fruits dans des bols et décorez avec des éclats de gousse de vanille. Servez ce dessert chaud ou froid.

POUR 4 PERSONNES - PRÉPARATION 5 MINUTES - 177 KCAL PAR PORTION

VERRINES SABLÉES AUX FRAMBOISES

INGRÉDIENTS

1. 300 g de framboises hachées grossièrement
2. 4 biscuits sablés émiettés grossièrement
3. 400 g de fromage blanc maigre

GARDE-MANGER

2 cuillerées à soupe de sucre glace ou d'édulcorant artificiel

Mélangez tous les ingrédients dans un saladier à l'exception de quelques framboises. Répartissez la préparation dans 4 verres.

Décorez avec les framboises et servez aussitôt.

ETON MESS

Utilisez 4 grosses meringues et 300 g de fraises. Équeutez les fraises et coupez-les en deux ou en quatre, puis ajoutez-les au fromage blanc avec du sucre ou de l'édulcorant. Émiettez grossièrement les meringues, mettez-les dans le fromage blanc, puis versez dans des verres et servez. 143 kcal par portion

POUR 2 PERSONNES - PRÉPARATION 10 MINUTES + 30 MINUTES AU RÉFRIGÉRATEUR
CUISSON 1 À 2 MINUTES - 131 KCAL PAR PORTION

CRÈMES BRÛLÉES MANGUE-PASSION

INGRÉDIENTS

1. ½ petite mangue
2. 1 fruit de la Passion
3. 150 g de yaourt nature 0 %
4. 100 g de crème fraîche
5. Quelques gouttes d'essence de vanille

GARDE-MANGER

½ cuillerée à soupe de sucre glace, 1 cuillerée à café de cassonade

Préchauffez un gril ou votre four sur le mode gril. Pelez la demi-mangue et coupez-la en tranches fines. Répartissez les tranches dans 2 ramequins.

Mélangez la pulpe et les grains du fruit de la Passion, le yaourt, la crème fraîche, le sucre glace et l'essence de vanille dans un saladier, puis disposez la préparation par-dessus la mangue. Tapotez les deux ramequins pour que la surface du mélange se lisse.

Saupoudrez de cassonade, puis placez les crèmes sous le gril pendant 1 à 2 minutes, le temps pour le sucre de fondre. Passez au réfrigérateur pendant au moins 30 minutes avant de servir.

POUR 4 PERSONNES - PRÉPARATION 5 MINUTES + REPOS - 112 KCAL PAR PORTION

DESSERT AU YAOURT & À LA BANANE

INGRÉDIENTS

1. 2 bananes mûres
2. 15 g de gingembre confit, finement haché + quelques languettes pour décorer
3. 150 g de yaourt nature maigre

GARDE-MANGER

Le jus de ½ citron, 8 cuillerées à café de cassonade

Tournez les bananes dans le jus de citron, puis écrasez-les avec une fourchette. Ajoutez le gingembre et le yaourt. Mélangez. Répartissez un tiers de ce mélange dans 4 petits verres.

Saupoudrez 1 cuillerée à café de cassonade par verre. Poursuivez avec une deuxième couche de yaourt à la banane, puis 1 cuillerée de cassonade. Finissez avec le reste de yaourt et décorez avec quelques languettes de gingembre confit.

Laissez reposer 10 à 15 minutes jusqu'à ce que le sucre soit dissous et qu'il forme une couche sirupeuse entre les couches de yaourt à la banane. Servez éventuellement des biscuits fins en accompagnement.

POUR 9 BROWNIES - PRÉPARATION 10 MINUTES - CUISSON 30 MINUTES - 204 KCAL PAR PORTION

BROWNIES AU CHOCOLAT

INGRÉDIENTS

1. 125 g de margarine au tournesol allégée
2. 2 œufs
3. 50 g de cacao en poudre tamisé + quelques pincées pour décorer
4. 50 g de chocolat noir haché
5. 1 cuillerée à café d'extrait de cacao

GARDE-MANGER

125 g de sucre roux, 75 g de farine, sel

Huilez et tapissez de papier sulfurisé un moule carré de 18 cm, à bords assez hauts.

Mélangez la margarine, les œufs et le sucre. Incorporez la farine et le cacao puis ajoutez le chocolat et l'extrait de cacao. Incorporez 1 cuillerée à café d'eau bouillante et 1 pincée de sel.

Versez la préparation dans le moule et faites cuire 30 minutes dans un four préchauffé à 190 °C. Lorsque vous enfoncez la lame d'un couteau dans le gâteau, elle doit en ressortir sèche. Laissez refroidir dans le moule puis coupez en 9 carrés. Au moment de servir, saupoudrez de cacao en poudre.

POUR 24 CARRÉS - PRÉPARATION 25 MINUTES + REFROIDISSEMENT, CUISSON 55 MINUTES - 201 KCAL PAR PORTION

CARRÉS AU CARAMEL & AUX DATTES

INGRÉDIENTS

1. 200 g de beurre demi-sel, en pommade + pour le moule
2. 225 g de dattes dénoyautées, hachées
3. 150 ml de crème liquide entière
4. 2 cuillerées à café d'arôme de vanille
5. 3 œufs

GARDE-MANGER

150 ml d'eau, 175 g de sucre muscovado clair, 100 g de sucre, 175 g de farine, 1 cuillerée à café de levure chimique

Graissez et chemisez de papier sulfurisé un moule profond de 28 × 18 cm. Préchauffez le four à 180 °C. Portez à ébullition 125 g de dattes et l'eau dans une casserole, baissez le feu et faites cuire 5 minutes à feu doux jusqu'à ce que les dattes soient charnues. Laissez refroidir dans un bol.

Faites fondre le sucre muscovado, la crème et 75 g de beurre dans une petite casserole, à feu doux. Portez le mélange à ébullition et laissez bouillir 5 minutes pour qu'il épaississe et caramélise. Laissez refroidir.

Mélangez au fouet électrique le reste de beurre avec le sucre, la poudre de vanille et les œufs, puis incorporez la farine tamisée et la levure jusqu'à l'obtention d'une pâte pâle et crémeuse. Ajoutez les dattes cuites et 100 ml de caramel. Versez la pâte dans le moule et lissez la surface. Disposez les dattes restantes.

Faites cuire le gâteau 25 minutes au four. Arrosez avec le reste de caramel et enfournez de nouveau 15 minutes. Laissez refroidir le gâteau sur une grille.

POUR 12 BARRES - PRÉPARATION 10 MINUTES + RÉFRIGÉRATION
CUISSON 3 MINUTES - 240 KCAL PAR PORTION

BARRES DE CÉRÉALES AU CHOCOLAT

INGRÉDIENTS

1. 200 g de chocolat au lait cassé en morceaux
2. 2 cuillerées à soupe de miel liquide
3. 50 g de beurre
4. 125 g de flocons de céréales

Faites fondre le chocolat, le miel et le beurre au bain-marie.

Ajoutez les céréales et remuez soigneusement.

Huilez un moule rectangulaire de 28 × 18 cm. Versez la pâte dans le moule puis faites prendre au réfrigérateur. Coupez 12 parts.

POUR 10 PETITS PAINS - PRÉPARATION 25 MINUTES + REPOS
CUISSON 12 À 15 MINUTES - 345 KCAL PAR PORTION

PETITS PAINS GLACÉS

INGRÉDIENTS

1. 1 cuillerée à soupe de levure sèche instantanée
2. 25 g de beurre demi-sel fondu
3. 300 ml de lait tiède + un peu si nécessaire
4. 2 cuillerées à café d'extrait de vanille
5. Colorant alimentaire rose

GARDE-MANGER

500 g de farine blanche spécial pain, 50 g de sucre, 300 g de sucre glace

Mélangez la farine, le sucre et la levure. Ajoutez le beurre, le lait et la vanille, puis mélangez. Ajoutez un peu de lait ou d'eau chaude si la pâte semble trop sèche. Pétrissez la pâte 10 minutes sur un plan de travail fariné. Mettez dans un saladier huilé, couvrez et laissez lever 1 heure dans un endroit chaud.

Frappez la pâte pour la faire dégonfler, puis divisez-la en 10 parts égales et formez de petites saucisses. Déposez-les, bien espacées, sur une grande plaque de cuisson graissée. Couvrez sans tirer avec un film alimentaire graissé et laissez lever 30 minutes. Faites cuire 12 à 15 minutes dans un four préchauffé à 200 °C. Laissez les pains refroidir sur une grille.

Tamisez le sucre glace dans un saladier et ajoutez de l'eau progressivement, en battant, 1 cuillerée à café à la fois. Glacez 5 petits pains avec la moitié du mélange. Ajoutez un peu de colorant rose dans le glaçage restant, puis glacez les autres pains.

ASTUCE

Pendant la cuisson, mettez un plat rempli de 1,5 cm d'eau sur le niveau inférieur du four pour éviter la formation d'une croûte.

POUR 30 MADELEINES - PRÉPARATION 20 MINUTES + REPOS
CUISSON 10 MINUTES - 411 KCAL PAR PORTION

MADELEINES À LA CARDAMOME

INGRÉDIENTS

1. 125 g de beurre demi-sel, fondu + pour le moule
2. 2 cuillerées à café de cardamome
3. 3 œufs

GARDE-MANGER

½ cuillerée à café de levure chimique, 125 g de farine + pour les moules, 125 g de sucre, le zeste râpé de 1 citron, 2 cuillerées à soupe de jus de citron, 75 g de sucre glace tamisé + pour saupoudrer

Préchauffez le four à 220 °C. Beurrez et farinez un moule à madeleines. Avec un pilon et un mortier, écrasez les capsules de cardamome pour libérer les graines. Retirez les capsules et écrasez les graines.

Dans un saladier posé sur un bain-marie, versez les œufs, le sucre, le zeste de citron et la cardamome broyée. Mélangez au fouet électrique jusqu'à ce que la pâte soit épaisse et pâle. Tamisez la farine et la levure sur la pâte, incorporez-les progressivement à la pâte avec une grande cuillère en métal. Versez le beurre fondu le long des bords de la pâte et mélangez-le à la pâte. Remplissez le moule aux deux tiers de pâte. Enfournez 10 minutes. Laissez les madeleines dans le moule 5 minutes puis laissez-les refroidir sur une grille.

Préparez le glaçage en mélangeant le jus de citron et le sucre glace dans un bol. Badigeonnez-en les madeleines et laissez sécher. Servez-les saupoudrées de sucre glace.

POUR 4 PERSONNES - PRÉPARATION 10 MINUTES - 168 KCAL PAR PORTION (HORS BISCUIT)

CRÈME MANGUE-PASSION

INGRÉDIENTS

1. 1 grosse mangue pelée, dénoyautée et coupée en morceaux
2. 750 g de yaourt nature 0 %
3. 1 à 2 cuillerées à soupe de sirop d'agave, selon votre goût
4. 1 gousse de vanille fendue
5. 4 fruits de la Passion coupés en deux

Mixez la mangue pour obtenir une purée.

Mettez le yaourt et le sirop d'agave dans un saladier, grattez la gousse de vanille au-dessus et mélangez bien. Incorporez délicatement la purée de mangue et répartissez le mélange dans des grands verres ou des coupes.

Évidez les fruits de la Passion et disposez les graines sur le yaourt à la mangue avec une cuillère. Servez immédiatement, accompagné de biscuits fins si vous le souhaitez.

VARIANTE

Réduisez en purée 250 g de cassis et ajoutez les fruits dans le yaourt avec le sirop d'agave, ainsi que 1 cuillerée à café d'essence d'amande. Déposez le mélange dans un verre à l'aide d'une cuillère et parsemez d'amandes torréfiées, puis servez. 143 kcal par portion

POUR 16 MERINGUES - PRÉPARATION 30 MINUTES - CUISSON 45 MINUTES À 1 HEURE
217 KCAL PAR PORTION

MERINGUES PISTACHE-CHOCOLAT

INGRÉDIENTS

1. 3 blancs d'œufs
2. 50 g de pistaches décortiquées et finement hachées
3. 150 g de chocolat noir à croquer en morceaux
4. 150 ml de crème fraîche épaisse

GARDE-MANGER

175 g de sucre

Dans un grand bol, montez les blancs d'œufs en neige ferme. À l'aide d'une cuillère à café, incorporez tout le sucre. Fouettez quelques minutes jusqu'à ce que le mélange soit ferme.

Ajoutez les pistaches. Confectionnez des petites meringues en forme de pointe sur 2 grandes plaques de cuisson recouvertes de papier sulfurisé. Faites cuire 45 minutes à 1 heure dans un four préchauffé à 100 °C. Laissez les meringues refroidir sur le papier.

Faites fondre le chocolat au bain-marie. Retirez les meringues du papier et trempez leur base dans le chocolat. Reposez-les sur le papier en les inclinant sur le côté. Laissez le chocolat durcir.

Fouettez la crème fraîche, puis assemblez les meringues deux par deux avec de la crème. Il faut les manger le jour où vous les avez collées (les meringues nature se conservent 2 à 3 jours).

CONSEIL

Si vous le souhaitez, vous pouvez servir les meringues dans des petits moules en papier et les disposer sur un plat ou sur un présentoir à gâteaux.

POUR 20 PARTS - PRÉPARATION 30 MINUTES - CUISSON 30 À 35 MINUTES - 248 KCAL PAR PORTION

GÂTEAU RENVERSÉ À LA MANGUE & AU KIWI

INGRÉDIENTS

1. 1 grosse mangue
2. 4 cuillerées à soupe de confiture d'abricots
3. 2 kiwis coupés en tranches
4. 250 g de margarine
5. 4 œufs

GARDE-MANGER

Le zeste râpé et le jus de 2 citrons, 125 g de sucre, 125 g de sucre muscovado, 250 g de farine, 1 cuillerée à café de levure chimique

Découpez 2 tranches épaisses de mangue le long du gros noyau central. Retirez la chair qui adhère au noyau, pelez la mangue et coupez-la en tranches.

Mélangez la confiture d'abricots avec le jus de 1 citron, puis déposez ce mélange au fond d'un plat à rôtir de 18 × 28 cm, recouvert de papier sulfurisé. Disposez la mangue et les kiwis sur les abricots.

Mettez le zeste et le reste de jus de citron dans un mixer ou un robot, ajoutez les ingrédients restants et mixez. Déposez ce mélange sur les fruits et étalez-le bien sur toute la surface. Faites cuire 30 à 35 minutes dans un four préchauffé à 180 °C. Le gâteau doit rester souple sous le doigt.

Laissez reposer 10 minutes dans le plat, puis renversez le plat sur une grille à pâtisserie, démoulez le gâteau et retirez le papier sulfurisé. Laissez refroidir complètement. Découpez le gâteau en 20 parts et servez chaud.

POUR 16 CARRÉS - PRÉPARATION 10 MINUTES + REPOS - CUISSON 5 MINUTES - 89 KCAL PAR CARRÉ

CARRÉS CRAQUANTS À LA GUIMAUVE

INGRÉDIENTS

1. 200 g de marshmallows coupés en deux
2. 40 g de beurre doux coupé en morceaux
3. 100 g de riz soufflé
4. Vermicelles de sucre roses pour le décor

Réservez 50 g de marshmallows blancs. Mettez 25 g de beurre et les marshmallows restants dans une casserole et faites fondre à feu très doux. Retirez du feu, ajoutez le riz soufflé et mélangez pour bien l'enrober.

À l'aide d'une cuillère, déposez le mélange dans un moule à gâteau carré peu profond de 18 cm de côté, graissé et chemisé de papier sulfurisé, et tassez bien avec le dos d'une cuillère légèrement huilée.

Mettez le beurre et les marshmallows restants dans une petite casserole et faites fondre à feu très doux. Tracez des lignes sur la préparation à l'aide de ce mélange et parsemez de vermicelles roses. Laissez prendre dans un endroit réfrigéré pendant 2 heures.

Démoulez la préparation sur une planche, retirez le papier sulfurisé et découpez en petits carrés.

POUR 4 PERSONNES - PRÉPARATION 5 MINUTES - CUISSON 8 À 10 MINUTES - 220 KCAL PAR PORTION

BANANES GRILLÉES AUX MYRTILLES

INGRÉDIENTS

1. 4 bananes non pelées
2. 8 cuillerées à soupe de yaourt grec 0 %
3. 4 cuillerées à soupe de flocons d'avoine
4. 125 g de myrtilles
5. Miel liquide pour servir

Faites chauffer une poêle striée à feu moyen, ajoutez les bananes et grillez-les 8 à 10 minutes jusqu'à ce que la peau commence à noircir, en les retournant de temps en temps.

Transférez les bananes sur des assiettes et, à l'aide d'un couteau aiguisé, coupez-les en deux dans la longueur. Garnissez de yaourt et parsemez de flocons d'avoine et de myrtilles. Servez immédiatement, arrosé d'un peu de miel.

YAOURT

Mélangez ½ cuillerée à café de gingembre moulu avec le yaourt dans un bol. Ajoutez 2 à 4 cuillerées à soupe de vergeoise brune, les flocons d'avoine et 4 cuillerées à soupe de raisins secs. Laissez reposer 5 minutes avant de servir.
208 kcal par portion

POUR 10 TRANCHES - PRÉPARATION 20 MINUTES + REPOS - CUISSON 1 H 25 - 373 KCAL PAR PORTION

CAKE À LA BANANE & AUX DATTES

INGRÉDIENTS

1. 250 g de dattes
2. 2 petites bananes très mûres
3. 150 g de beurre demi-sel en pommade
4. 2 œufs
5. 100 ml de lait

GARDE-MANGER

Le zeste et le jus de 1 citron, 100 ml d'eau, 150 g de sucre, 275 g de farine, 1 cuillerée à café de levure chimique

Mettez 200 g de dattes dénoyautées et hachées dans une petite casserole avec le zeste, le jus de citron et l'eau. Portez à ébullition, baissez le feu et laissez mijoter 5 minutes. Écrasez les dattes à l'aide d'une fourchette. Laissez refroidir.

Réduisez les bananes en purée, puis ajoutez le beurre, le sucre, les œufs, le lait, la farine et la levure. Mélangez. Déposez un tiers de la pâte à gâteau dans un moule à cake, graissé et chemisé de papier sulfurisé. Égalisez la surface.

Étalez la moitié de la purée de dattes. Ajoutez la moitié de la pâte à gâteau restante puis le reste de purée de dattes. Terminez en ajoutant la pâte à gâteau restante et égalisez la surface.

Parsemez les dattes réservées et faites cuire 1 h 20 dans un four préchauffé à 160 °C. Laissez refroidir le cake dans son moule 15 minutes, puis démoulez-le sur une grille à pâtisserie. Retirez le papier sulfurisé et laissez refroidir complètement.

POUR 4 À 6 PERSONNES - PRÉPARATION 30 MINUTES + CONGÉLATION
CUISSON 2 À 4 MINUTES - 216 KCAL PAR PORTION

SORBET LITCHIS & NOIX DE COCO

INGRÉDIENTS

1. 1 boîte (425 g) de litchis au sirop
2. 400 ml de lait de coco
3. Le zeste râpé et le jus de 1 citron vert
4. 3 kiwis pelés et coupés en quartiers

GARDE-MANGER

50 g de sucre, coupes en chocolat (voir ci-contre) pour servir (facultatif)

Égouttez les litchis. Versez le sirop dans une casserole.

Ajoutez le sucre et faites chauffer à feu doux jusqu'à ce que le sucre soit dissous. Faites bouillir 2 minutes, puis retirez la casserole du feu et laissez refroidir.

Mixez les litchis. Mélangez cette purée avec le lait de coco, le zeste et le jus de citron et le sirop refroidi.

Versez la préparation dans un récipient en plastique peu profond et faites prendre au congélateur. Au bout de 4 heures, fouettez le mélange avec une fourchette (ou mixez-le) jusqu'à ce qu'il soit lisse. Placez encore 4 heures au congélateur ou jusqu'au lendemain.

Laissez ramollir 15 minutes avant de servir puis faites des boules que vous déposerez dans des coupes en chocolat (voir ci-contre).

COUPES EN CHOCOLAT

Faites fondre 150 g de chocolat noir au bain-marie, puis répartissez-le sur 4 carrés de papier sulfurisé et étalez en disques de 15 cm de diamètre. Enveloppez des pieds de verres renversés avec le papier sulfurisé, chocolat vers l'extérieur, de sorte que le papier se plisse légèrement. Réfrigérez jusqu'à ce que le chocolat ait pris, puis retirez le papier des verres, retournez-le et retirez-le délicatement du chocolat.
195 kcal par coupe

POUR 6 PERSONNES - PRÉPARATION 1 MINUTE - CUISSON 4 MINUTES - 327 KCAL PAR PORTION

PETITS POTS DE CRÈME AU FROMAGE FRAIS

INGRÉDIENTS

1. 300 g de chocolat noir
2. 500 g de fromage frais allégé
3. 1 cuillerée à café d'extrait de vanille

Faites fondre le chocolat au bain-marie.

Hors du feu, ajoutez le fromage frais et l'extrait de vanille. Remuez vivement.

Répartissez la préparation dans 6 petits pots ou verres puis servez aussitôt.

FAÇON CAPPUCCINO

Faites fondre le chocolat noir avec 2 cuillerées à soupe d'expresso très fort. Répartissez dans 6 tasses à expresso et déposez 1 cuillerée à café de fromage blanc nature par-dessus, puis saupoudrez de cacao. 339 kcal par portion

TABLE DES RECETTES

PETIT DÉJ & BRUNCH

RECETTES À MOINS DE 300 CALORIES

RECETTES À MOINS DE 500 CALORIES

OCCASIONS SPÉCIALES

PETITES DOUCEURS

58, rue Jean-Bleuzen,
CS 70007 92178 VANVES CEDEX

Recettes et photographies : Octopus Publishing
Traduction : Xavière Boitelle, Virginie Bordeaux, Christine Chareyre, Simona Colletta, Constance de Mascureau, Véronique Dreyfus, Maud Kesteloot, Valentine Morizot, Pascale Paolini, Céline Petit, Florence Raffy, Aude Sécheret, Catherine Vandevyvere

Création graphique : Manon Renucci
Mise en pages : les PAOistes
Relecture : Véronique Dussidour
Suivi éditorial : Natacha Kotchetkova

Achevé d'imprimer en novembre 2021
sur les presses de Macrolibros en Espagne
2751028/04
ISBN : 978-2-501-14888-7
Dépôt légal : janvier 2020